le Guide de
la Cuisine en Fête

Serge de Roquebrune

le Guide de
la Cuisine en Fête

L'éditeur tient à remercier pour leur aide précieuse les sociétés et les personnes suivantes : Centre d'information et de promotion des produits de la mer de Norvège, Foie gras Montfort et Augustin de Monzac, Fabienne Jullien-Gieu, Ifremer, RPCA, ainsi que tous les chefs qui ont gracieusement participé à l'élaboration des recettes.

◆

Les produits figurant dans cet ouvrage n'ont fait l'objet d'aucune entente publicitaire avec l'éditeur.

◆

RESPONSABLES D'ÉDITION
Suzanne Madon et Agnès Guionnet

RÉVISION
Catherine Schram et Catherine Picard

CONCEPTION GRAPHIQUE ET MAQUETTE
CZ Créations

© 1997 Éditions Liber, Genève (Suisse)
Tous droits de traduction, d'adaptation ou de reproduction, sous quelque forme que ce soit, réservés pour tous pays.
ISBN 2-88143-133-X

PRÉFACE

Les produits de luxe comme le caviar, le homard ou la truffe étaient jadis réservés aux circonstances très exceptionnelles de la vie. Ils font aujourd'hui de plus en plus souvent partie de nos menus. Pour célébrer un événement familial ou professionnel, ou pour le simple plaisir de partager les joies de la table, on préfère maintenant à l'abondance des agapes la saveur de quelques mets choisis avec soin.

Ainsi, ces produits, autrefois fort dispendieux, sont des symboles de fête accessibles grâce à leur large diffusion en épicerie ou en supermarché. Mais encore faut-il savoir les acheter. Un festin peut être assombri par un foie gras ou un champagne servi trop froid ou pas assez, par un gibier ou un café sans parfum.

Ce guide permet d'éviter ce genre de déception, grâce à des conseils pratiques d'achat, de conservation et de présentation. Reconnaître la qualité parmi la multitude des labels proposés, et savoir la sauvegarder, sont bien sûr les premiers gages de réussite d'un repas de fête.

Le Guide de la Cuisine en Fête regorge aussi d'informations et d'anecdotes sur l'histoire de ces produits, depuis l'importance du bœuf et du miel dans les civilisations antiques, l'engouement des Romains pour les huîtres qu'ils découvrirent en Gaule, jusqu'à la découverte de la distillation des précieux alcools comme le cognac et l'armagnac. L'évolution des techniques des producteurs met en évidence toute la patience et le savoir-faire nécessaires pour réjouir nos palais, tandis que des recettes de grands chefs présentent quelques-unes des meilleures façons de déguster ces joyaux de la gastronomie.

Un livre qui ouvre des horizons en même temps que l'appétit et le goût de la qualité.

LA CUISINE EN FÊTE

SOMMAIRE

LE FOIS GRAS   **8**
Une étymologie incertaine . . . 9
La production en France 9
Foies gras d'Alsace
et du Sud-Ouest 10
L'OIE 11
L'origine 11
L'essor 12
Guillaume Tirel de Taillevent 12
Le foie gras d'oie aujourd'hui 13
L'oie et la gastronomie 14
Les oies dans l'art 14
LE CANARD 15
La chaîne de préparation 15
Le canard et la gastronomie . . 17
R Strate de bœuf et foie
    de canard à l'Hermitage
    (Alain Pic) 19
Mémento pratique 20
Savoir conserver un foie gras 21
Un gage de santé 21

LE JAMBON   **22**
LE JAMBON DE BAYONNE 23
L'origine 23
La fabrication 23
Un nouvel élan 25
Un mets royal 25
LE JAMBON IBAÏONA 26
Le jambon ibérique 27
Un trésor protégé 27
Le « pata negra » 27
Le village de Jabugo 28
La fabrication 28
Les régions productrices 29
Mémento pratique 29

LE CAVIAR   **30**
L'origine 31
La mer Caspienne, un enjeu . 31
La pêche 32
Les esturgeons 32
La préparation 35

Conditionnement et diffusion 35
Le must : le caviar frais 36
Le caviar pressé 36
Le caviar blanc 36
Questions / Réponses 38
Mémento pratique 38
Les trois variétés 39

LES HUÎTRES   **40**
L'origine 41
L'huître et la gabelle 41
Histoire de coquilles 41
L'ostréiculture industrielle . . . 42
La reproduction 42
Les mois en « R » 42
Les grands « crus » ostréicoles
français 45
L'élevage 46
R Petit ragoût d'huîtres de
    Marennes sur une mousse
    légère au cresson renforcée de
    muscadet (Jean Bardet) . . . 47
Questions / Réponses 48
Catégories et calibrage 49

**HOMARD
ET LANGOUSTE**   **50**
LE HOMARD 51
Portrait 51
Les mues 51
La pêche 52
R Homard au vin jaune
    (Alain Passard) 53
Les variétés 53
R Salade de homard aux tomates
    confites et courgettes grillées
    (Pilippe Rousselot) 54
R Homard à la presse
    et son coulis de corail
    (Jacques Le Divellec) 55
LA LANGOUSTE 56
Portrait 56
Reproduction 56

Les mues 56
La pêche 56
Les Mauritaniens 57
La Bretagne, un lieu privilégié 58
Les variétés 58
Les atouts des fruits de mer . . 59
Composer un plateau
de fruits de mer 60
Questions / Réponses 61

LE SAUMON FUMÉ   **62**
Migration et reproduction . . . 63
La pêche 64
L'aquaculture 64
Le saumon et la mer 64
La préparation 65
Le fumage 66
Un engrais naturel 66
Le tranchage 67
Questions / Réponses 68
La couleur 68
Les espèces de saumon 69

LES VOLAILLES   **70**
LE CHAPON 71
L'origine 71
Le chaponnage 71
Le chapon de Bresse 72
Le chapon des Landes 73
L'OIE À RÔTIR 74
L'origine 74
Les oies sauvages 74
La production 75
LA PINTADE 76
L'origine 76
La légende 76
La production 77
Mémento pratique 77
R Volaille fumée aux endives
    (Jean-Pierre Lallement) . . . 78
R Croquettes de volailles
    (Henriette Parienté) 79

LES TRUFFES 80
L'origine 81
La récolte 82
Les espèces 82
La production 84
Une technique nouvelle . . 84
Mémento pratique. 85
R Jarret de veau et confit
de légumes aux truffes
(Clément Bruno) 86,
R Ravioles de cèpes,
sauce à la truffe d'Alba
(Clément Bruno) 86
Questions / Réponses. 87

LE GIBIER À PLUMES 88
La chasse, une pratique
contestée. 89
LE CANARD. 89
Portrait 89
Les espèces chassées en France 89
La chasse. 89
L'ordre des Canardiers . . 91
LE FAISAN 92
L'origine 92
Portrait 92
La saison des amours 93
L'ORTOLAN 94
La chasse. 94
Un rituel ancestral. 94
LA BÉCASSE 96
Un plaisir rare 96
Portrait 96
Un oiseau gourmand 96
La plume du peintre 96
R Bécasses rôties au foie gras
(Serge de Roquebrune). . . . 97
LA GRIVE. 98
LA PERDRIX 99
LA PALOMBE. 100
R Soupe de palombes
aux lentilles et au chou
(Firmin Arrambide) 102

R Ballottine de colvert au
piment d'Espelette et piquillos
(Philippe Dainciart) 103
Le faisandage. 103
Les migrations 104
Questions / Réponses. 105

LE BŒUF 106
L'origine 107
La production 108
La commercialisation. 108
Les races bovines 109
Le bœuf de Coutancie 110
Le bœuf de Chalosse 111
Les atouts de la viande
de bœuf 112
Les catégories 112
R Côte de bœuf de Chalosse
grillée au jus d'huître et laitue
(Alain Dutournier). 114
R Côte à la moelle aux pâtes
fraîches (Jean Ducloux) . . 115
Questions / Réponses. 115

LE MIEL 116
L'origine 117
Un symbole de pureté 117
La ruche 118
La reine. 118
Le vol nuptial 119
L'apiculture 120
Le miel en cuisine 121
Les vertus du miel 121
Les à-côtés 122
Savoir lire une étiquette . . 122
Choisir son miel 123

LE CAFÉ 124
Étymologie 125
La légende 125
L'origine 126
La conquête de l'Europe . . . 126
La plante. 127

Les débits. 127
La culture 128
La cueillette. 129
La torréfaction. 130
Questions / Réponses. 132
Les meilleurs crus. 132
Choisir son café. 133

LE CHAMPAGNE 134
L'origine 135
La naissance du champagne. 136
Le xxe siècle 137
La Champagne délimitée. . . 138
Les maisons de champagne . 139
L'élaboration 139
L'AOC champagne 139
Choisir son champagne 142
Les contenants. 142
Questions / Réponses. 143
Savoir lire une étiquette . . 143

COGNAC ET ARMAGNAC 144
LE COGNAC. 145
L'origine 145
Les cépages 146
La législation. 147
La distillation 147
Le vieillissement 148
Les appellations. 150
L'âge d'un cognac 150
L'ARMAGNAC 151
L'origine 151
Le vignoble 151
La distillation 153
Le vieillissement 153
Les AOC cognac. 154
La dégustation 155
L'AOC armagnac. 155

LES LABELS 156

INDEX 158

LA CUISINE EN FÊTE

LE FOIE GRAS

Il semble que l'homme ait toujours connu l'art d'engraisser les oies et les canards. Les fresques et les récits en témoignent au fil des siècles. Pour mieux en apprécier toutes les nuances, du foie entier au bloc, savoir ce qui distingue le foie gras d'oie de celui de canard, voici la longue histoire d'une tradition heureusement perpétuée depuis l'Antiquité.

Une étymologie incertaine

Les débats sur l'origine de l'expression « foie gras » divisent encore les linguistes, mais l'interprétation la plus courante est la suivante. Marcus Apicius donnait dans son *Art culinaire*, qui fit autorité non seulement à Rome mais dans la majeure partie de l'Europe, de savoureuses recettes de « fecur ficatum », littéralement « foie de figues » (les Romains utilisaient alors des figues pour gaver les oies). Curieusement, ce nom se transforma par la suite dans toutes les langues latines : on oublia « fecur », qui désigne l'organe, pour ne conserver que « ficatum », la figue. De « figido » au VIIIe siècle, on passa à « fedie », puis au XIIe siècle à « feie », qui donna naissance au *fegato* italien, au *higado* espagnol, au *figado* portugais, équivalents du foie français.

Le gavage

On a tout dit sur ce que l'on qualifie parfois d'acte barbare, et les passions sont difficiles à combattre. Cependant, le gavage ne fait qu'amplifier une prédisposition

LE GAVAGE
À L'ANCIENNE.

naturelle des oiseaux migrateurs, qui constituent des réserves de graisse avant leurs longs voyages. Il ne provoque en aucun cas une maladie, mais une hypertrophie du foie, telle que l'homme peut en connaître après des agapes répétées. Plusieurs études récentes, menées par des vétérinaires et des spécialistes de la volaille, prouvent qu'un canard reprenant une alimentation normale pendant une quinzaine de jours retrouve un foie de taille normale.

La production en France

La production française a enregistré une progression spectaculaire au cours de ces dernières années. Cette évolution est entièrement due au foie gras de canard car, l'oie étant d'un élevage plus délicat, le foie gras d'oie ne représente que 10 % environ de la production. Des filières se créent depuis quelques années dans le Languedoc, en Limousin, en Bretagne, et plus récemment en Vendée. Mais l'Aquitaine et la région Midi-Pyrénées fournissent plus de 70 % de la production et réalisent près de 90 % de la préparation.

Si 95 % des foies de canard crus sont produits en France, plus des trois quarts sont importés, notamment d'Israël ou des pays d'Europe centrale (Hongrie, Pologne, Bulgarie) en ce qui concerne l'oie. La préparation reste cependant l'apanage exclusif des conserveurs français ; une position qu'ils sont bien décidés à préserver, même si leurs techniques risquent de franchir un jour les frontières, bien sûr pour des raisons économiques. Nous sommes pour l'instant les premiers producteurs et les premiers exportateurs de foies gras, mais également les premiers consommateurs !

Foies gras d'Alsace et du Sud-Ouest

La fabrication des foies, de longue tradition dans ces deux régions, diffère par le mode de préparation. En Alsace, on cuit le foie gras avec un assortiment d'une quinzaine d'épices, tandis que dans le Sud-Ouest on emploie de l'alcool, de l'armagnac le plus souvent, ou un simple assaisonnement de sel et de poivre. Chaque méthode a ses inconditionnels.

PRÉPARATIONS ARTISANALES DE FOIE GRAS.

DES PRÉCURSEURS EN ALSACE

Le « pâté de Contades »

Jean-Pierre Clause, cuisinier mosellan né à Dieuze, est engagé en 1778 par le maréchal de Contades, gouverneur d'Alsace. Pour honorer des invités de marque attendus le lendemain, le maréchal lui demande de préparer un repas d'exception. Après une nuit d'insomnie, le jeune Clause confectionne une croûte ronde qu'il remplit de foies gras entiers et d'une farce de veau et de lard finement hachés. Le tout, sous un couvercle de croûte, est mis au four à feu doux. C'est la première fois que l'on goûte un pâté de foie gras en croûte à Strasbourg. Les hôtes sont comblés. Brillat-Savarin vante ce « Gibraltar de foie gras qui, au moment de son apparition, fit cesser toutes les conversations par la plénitude des cœurs, et se succéder tour à tour sur toutes les physionomies le feu du désir, l'extase de la jouissance, le repos parfait de la béatitude »... Le maréchal a l'idée d'envoyer à la cour l'un de ces étonnants pâtés. Louis XVI est séduit, et la récompense est immédiate : Contades se voit octroyer une terre en Picardie. Quant au cuisinier, il reçoit une gratification de vingt pistoles. L'histoire précise qu'il épouse peu après la veuve d'un « pastissier » (fabricant de pâtés), et ouvre boutique rue de la Mésange, à Strasbourg.

Le foie gras truffé

Quelques années plus tard, lorsque la Révolution éclate, un cuisinier du nom de Doyen fuit le Périgord pour se réfugier en Alsace. La grande Histoire marque ainsi, indirectement, une nouvelle étape dans l'histoire de ce mets : Doyen, ayant emporté dans ses malles des truffes de sa terre natale, est le premier à les associer au foie gras. Une invention qui a fait école.

L'OIE

GARDIEN D'OIES, FRESQUE D'UNE TOMBE THÉBAINE.

L'ORIGINE

Les Égyptiens furent les premiers à observer que, d'instinct, les oies se gorgent de nourriture dès que les jours décroissent, avant d'entamer leur migration vers des contrées aux hivers plus cléments. Ils eurent l'idée d'encourager cette gourmandise naturelle en les gavant d'une pâte faite de farine et d'eau. Les Grecs connaissaient eux aussi l'art d'engraisser les oies. Ils utilisaient pour cela du froment écrasé dans de l'eau, technique dite de la « folle farine ».

Les Romains reprirent ce procédé, puis mirent au point le gavage aux figues sèches, trempées dans un bain de lait et de miel. Le gavage aux figues se généralisa alors partout où les Romains imposèrent leur domination, et plus particulièrement sur les bords de l'Adour, où le climat convient parfaitement aux palmipèdes (un pays qu'ils baptisèrent « Aquitania », le pays des eaux).

L'Empire romain eut beau se disloquer, les Barbares déferler, les hommes ont assuré la pérennité de ce type d'élevage, l'améliorant sans cesse. On en perd parfois la trace dans l'histoire mais, au fil des siècles, la tradition réapparaît toujours.

LE FOIE GRAS

L'ESSOR

Un tournant irréversible s'amorce à la fin du XVᵉ siècle avec l'introduction du maïs en Europe. Cette céréale venue d'Amérique est désormais employée pour le gavage. Les interdits religieux qui frappent alors la consommation de certains mammifères contribuent au développement de l'élevage des volailles, dont la graisse permet d'ailleurs de conserver les aliments. Et cela tout particulièrement au sein des communautés juives qui, au gré de leurs migrations, apportent leur savoir-faire aux populations qui les accueillent. « J'ai rôti le foie d'une oie que les Juifs de Bohême engraissent, qui pesait un peu plus de trois livres », écrit Runpolt dans son *Kochbuch*, paru en 1581.

Le développement de l'élevage dans le Sud-Ouest de la France est attesté dès le Moyen Age. Il s'explique par la conjugaison de facteurs favorables (climat, abondance de l'eau) et surtout par la rencontre de deux cultures : la civilisation gallo-romaine et une importante communauté juive installée autour de Bayonne. Mais l'Alsace n'est pas en reste. À Strasbourg, au XVIIIᵉ siècle, Jean-Pierre Clause et Doyen apportent une belle contribution à l'histoire du foie gras. Dans la lignée de ces deux cuisiniers, l'Alsace

demeure la plus grande région productrice jusqu'au milieu du XIXᵉ siècle. C'est à cette époque que naissent les premières maisons spécialisées dans le commerce du foie gras. Les régions du Sud-Ouest prennent ensuite la relève et acquièrent une prépondérance écrasante.

GUILLAUME TIREL DE TAILLEVENT

De nombreux chroniqueurs nous renseignent sur l'histoire de l'art culinaire. Le tout premier, Guillaume Tirel de Taillevent donne au genre ses lettres de noblesse dès le XIVᵉ siècle. Ayant débuté à onze ans comme enfant de cuisine au service de Jehanne d'Évreux, épouse de Charles le Bel, Taillevent devint cuisinier à la cour de Philippe VI de Valois, puis premier cuisinier du roi Charles V. Nommé maître des garnisons de la cuisine du Roi, il est anobli en 1392, et doté d'un blason à trois marmites bordées de six roses. Son ouvrage, Le Viandier, fit référence pendant plus de deux cents ans. Il y donne notamment une recette d'« oies à la Traison », concoctée à base de confit d'oie et de fèves fraîches, qui préfigure notre cassoulet.

ÉLEVAGE D'OIES TRADITIONNEL DANS LE GERS.

LE FOIE GRAS D'OIE AUJOURD'HUI

LA SITUATION

À l'heure actuelle, 90 % des foies gras d'oie que nous consommons sont importés. Les producteurs du Sud-Ouest tentent de relancer la production, qui est en stagnation, voire en régression.

Divers facteurs expliquent cette situation. L'approvisionnement en oisons est difficile car les performances de reproduction de l'oie sont assez basses. Le nombre de repas est plus important chez l'oie que chez le canard : il varie, selon les méthodes, de quatre à six repas par jour (contre deux pour le canard), et ce surcroît de travail n'est pas compensé par un prix de commercialisation attractif. De plus, l'oie s'adapte assez mal aux méthodes modernes de gavage au maïs broyé, et les résultats restent médiocres alors qu'ils sont excellents pour les canards. On peut donc comprendre le peu d'engouement des producteurs...

UNE NOUVEAUTÉ PROMETTEUSE

Les oies étaient autrefois nourries au maïs en grains. Leur capacité instantanée d'ingestion étant faible, leur productivité laissait à désirer. Un nouveau type de gavage, mêlant grains et bouillie, permet aujourd'hui d'augmenter, pour un même volume, la quantité de nourriture ingérée. On peut ainsi envisager des gavages courts (de l'ordre de seize jours), comptant quatre interventions quotidiennes au lieu des six habituellement pratiquées. Cette méthode comporte cependant des risques : les cas de mortalité sont plus nombreux lorsqu'elle est mal maîtrisée. D'autre part, les équipements nécessaires restent coûteux. Il faudra donc poursuivre l'étude de cette technique et l'améliorer encore pour qu'elle puisse réellement relancer la production du foie gras d'oie.

L'ÉVOLUTION

D'ores et déjà, certaines améliorations ont vu le jour dans ce secteur.
• Longtemps de taille restreinte, les ateliers sont aujourd'hui plus vastes, et les producteurs traitent des volumes plus importants afin de rentabiliser leurs installations. Cela étant, cette évolution est plus rapide en ce qui concerne la production de canards, et l'oie est encore un peu en retard sur ce point.
• La production est de plus en plus spécialisée. Après un gavage manuel, puis un gavage électrique il y a trente ans, c'est aujourd'hui le développement de la technique israélienne qui prévaut : une gaveuse hydraulique avec une pâtée à base de maïs en grains et de maïs broyé. Également

utilisées, les gaveuses pneumatiques permettent d'améliorer les cadences de gavage tout en respectant l'animal.

• On sait maintenant que certains types de maïs se prêtent mieux que d'autres à la préparation de la bouillie aqueuse. En mouture grossière et avec un additif efficace, ces maïs pourraient être utilisés avec succès pour le gavage au mélange grains et bouillie.

• Un dernier point reste plus difficile à résoudre : la viande d'oie engraissée se vend moins bien que celle de canard…

L'OIE ET LA GASTRONOMIE

Bien avant que les conquistadors rapportent la dinde d'Amérique, l'oie était la volaille de Noël par excellence ; elle était déjà de tous les réveillons médiévaux. Ce sont l'Alsace et le Sud-Ouest qui lui ont donné ses plus belles lettres de noblesse en France, rivalisant d'ingéniosité pour l'accommoder, particulièrement en confits.

Ces viandes cuites dans leur graisse sont conservées plusieurs mois dans des pots en grès, avant d'être consommées, froides avec des accompagnements chauds (des lentilles ou des pommes de terre), ou chaudes, en cassoulets.

Les cous d'oie farcis et les gésiers confits font également le régal des connaisseurs, tout comme la fameuse garbure, soupe béarnaise à base de chou cuit et de confit d'oie. Grillée sur les braises, l'oie se décline en brochette de cœurs, en magrets ou en aiguillettes.

Dans la vallée du Rhin, l'oie grasse se consomme grillée à la broche sur un lit de choucroute, comme un faisan. Dans les pays germaniques, c'est en civet ou farcie de chair à saucisse et de lard maigre que l'on prépare l'oie pour la fête de la Saint-Martin. Comme pour le porc, tous les sous-produits de découpe sont par ailleurs utilisés. Même les pattes, que les Japonais transforment en poudres qui auraient des propriétés aphrodisiaques…

FRESQUE DE MEIDOREM (DÉTAIL).

LES OIES DANS L'ART

L'ART PRÉHISTORIQUE
Les premières représentations connues de l'oie remontent au Magdalénien. Le musée de Saint-Germain-en-Laye conserve une pièce de cette époque, le « bâton de Teyjat », décoré de trois têtes d'oie, qui fut découvert à Tursac, en Dordogne.

L'ART ÉGYPTIEN
De nombreuses fresques démontrent le véritable culte que les Égyptiens vouaient à l'oie, sans doute le premier volatile domestiqué, honoré et consommé par l'homme. À Saqqarah, une scène de gavage orne le tombeau de Ti, haut fonctionnaire proche du pharaon (vers 2400 av. J.-C.). Cette fresque montre un gaveur, assis par terre, serrant délicatement une oie contre lui. Tenant son cou d'une main, il enfonce avec l'autre des galettes de pâte dans le bec tendu. La scène est saisissante de précision. Tout y est : les renflements du jabot, les modulations du cou, les bols d'huile pour lubrifier.

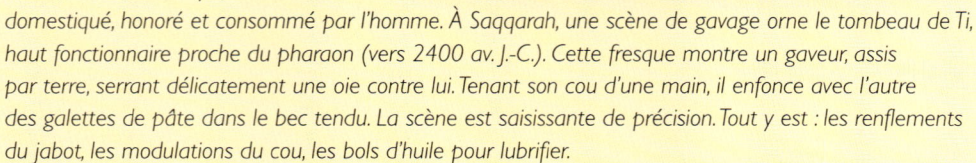

On peut voir au musée du Louvre le mastaba d'Akhhétep, qui date de la même époque. Dans la chapelle funéraire, parmi des scènes de la vie quotidienne, figurent deux serviteurs portant des oies.

LA CUISINE EN FÊTE

LE CANARD

ÉLEVAGE DE CANARDS MULARDS EN PLEIN AIR (GASCOGNE).

LA CHAÎNE DE PRÉPARATION
La préparation du canard à foie gras est un travail de longue haleine, dont toutes les étapes, dévolues à des professions différentes, sont d'égale importance dans la qualité finale.

L'ACCOUVAGE
Les accouveurs maîtrisent de mieux en mieux la sélection des souches ainsi que les combinaisons génétiques, étapes primordiales dans l'évolution de l'animal. La seule espèce de canard élevée pour le foie gras est le mulard mâle. C'est un hybride issu du croisement entre un mâle de Barbarie (gros canard noir et blanc que l'on peut voir s'ébattre dans les cours des fermes du Sud-Ouest), qui garantit un bon rendement, et une femelle de Pékin, qui apporte qualité et finesse au foie comme à la viande.

Les canetons mulards sont transportés dès le jour de leur naissance chez les éleveurs dans un véhicule isotherme ventilé.

L'ÉLEVAGE
Les canetons sont d'abord installés sous éleveuse, selon des normes qui définissent strictement la température, le volume d'air, la densité au mètre carré... Dès quatre à cinq semaines commence l'élevage en plein air, lui aussi soumis à des règles établies : densité (un canard pour 10 m^2 en moyenne), salubrité des

15

ÉLEVAGE DE MULARDS À OSSAGES (LANDES).

sols (terrains bien drainés, ne comportant pas d'eaux stagnantes), plan de prophylaxie, etc. Entre la onzième et la douzième semaine, les canards sont rassemblés dans un bâtiment qui doit être parfaitement ventilé. Ils peuvent alors s'abreuver à volonté, mais la nourriture n'est dispensée que deux à trois fois par jour.

Les animaux, habitués jusque-là à manger quand bon leur semblait, se ruent sur le grain et se préparent ainsi naturellement au gavage : en ingurgitant massivement la nourriture, ils acquièrent un jabot élastique et souple. Les normes sanitaires sont draconiennes : à dix semaines, un échantillon représentatif du lot est contrôlé par un laboratoire agréé.

Le gavage

Les canards mulards prêts à gaver sont placés dans des caillebotis, en parcs collectifs ou en cages individuelles. Ils sont alimentés exclusivement au maïs entier ou broyé précuit, et doivent disposer de beaucoup d'eau et d'une bonne ventilation. Ils sont nourris ainsi deux fois par

LE GAVAGE HYDRAULIQUE.

jour, à douze heures d'intervalle, pendant douze à quinze jours. Chaque dose de maïs ingérée est de 250 g au début, puis augmente progressivement jusqu'à 500 ou 600 g. L'animal, qui pèse environ 4 kg à son arrivée, atteint 5,3 kg en fin de gavage, et son foie 500 à 600 g.

Les professionnels du gavage se modernisent de plus en plus, mettant à profit les dernières innovations techniques, tant sur le plan de la nourriture que des infrastructures.

L'ABATTAGE

Il se pratique encore à la ferme de façon traditionnelle : saigné et plumé, le canard

LA DÉCOUPE DU CANARD ET DE L'OIE.

est ensuite acheminé, non éviscéré, chez un découpeur. Les abattoirs peuvent quant à eux traiter de 400 à 1 200 canards à l'heure, toutes opérations comprises. Le plumage automatique reste l'opération la plus délicate de la chaîne. La température des bains doit être dosée très précisément : un bain trop chaud ferait ressuer les graisses et rendrait le plumage plus difficile. Chaque abattoir met au point ses propres techniques, en tenant compte de la fragilité spécifique du canard gras. Certains, par exemple, utilisent le plumage à la cire.

Après le plumage, l'animal est immédiatement éviscéré. Le refroidissement du foie (entre 2 et 4 °C) est réalisé en

PRÉPARATION ET DÉVEINAGE DES FOIES GRAS.

30 minutes environ, celui de la viande en 2 heures, alors qu'à la ferme, il faut compter 12 à 16 heures pour le même résultat. L'évolution bactériologique est ainsi parfaitement maîtrisée.

LE CANARD ET LA GASTRONOMIE

LES MAGRETS

Il s'agit des deux flancs. Depuis quelques années, l'appellation magret de canard est réservée au canard à foie gras. Tendre, délicat, délicieux grillé au feu de bois, c'est devenu en quelques années une spécialité très appréciée des Français. Les efforts des fabricants et la distribution moderne ont rendu son prix abordable.

17

LES CUISSES

La vente du confit de cuisse de canard s'est également démocratisée. La cuisse, cuite dans sa graisse, est d'une utilisation enfantine : il suffit de la faire légèrement griller au four en position gril ou à la poêle. Le reste de la graisse de cuisson permet de faire rissoler des pommes de terre, des pommes fruits ou des cèpes. C'est l'une des plus fortes progressions des ventes de ces deux dernières années. Les cuisses fraîches peuvent aussi être grillées.

LES GÉSIERS

Il s'agit de la dernière poche de l'estomac du canard. Les muscles du gésier et les petits cailloux qu'il contient assurent le broyage des aliments non digérés. Sautés à la poêle, les gésiers, encore tièdes, accompagnent délicieusement une salade.

Cuisses, gésiers et magrets : le canard offre de nombreuses ressources aux gourmets.

›
STRATE DE BŒUF ET FOIE DE CANARD À L'HERMITAGE

Alain Pic
Restaurant Pic
285, avenue Victor-Hugo,
26001 Valence

POUR 4 PERSONNES
* *600 g de filet de bœuf*
* *400 g de foie de canard*
* *150 g de garniture aromatique (carotte, oignon, poireau, céleri, échalote, ail en mirepoix)*
* *1 bouquet garni*
* *3 dl de vin d'Hermitage*
* *150 g de beurre*
* *12 mini-carottes*
* *12 mini-poireaux*
* *300 g de petits pois*
* *Sel et poivre*

1. Parer le filet de bœuf, dénerver et réserver les parures.
2. Couper le foie de canard en 2 escalopes, les assaisonner et les faire cuire dans une poêle très chaude puis égoutter sur papier absorbant. Réserver.
3. Éplucher les légumes et les cuire, à l'anglaise, séparément.
4. Couper le filet de bœuf en 3 tranches dans le sens de la longueur, les aplatir légèrement. Saler et poivrer.
5. Poser une tranche de bœuf puis monter en couches viande et foie en terminant par le bœuf. Ficeler comme un rôti, envelopper et serrer dans un papier film. Réserver au frais.
6. Enlever le papier film et faire revenir avec les parures dans une cocotte contenant 150 g de beurre. Cuire ensuite 5 mn environ à four chaud. Retirer le rôti, réserver au chaud.
7. Dégraisser la cocotte, ajouter la garniture aromatique, mouiller avec le vin rouge et laisser cuire de 15 à 20 minutes.
8. Retirer les parures de viande, passer au mixer puis au chinois et assaisonner.
9. Enlever la ficelle de la strate, la couper en 4 tranches. Dresser chacune sur une assiette, entourée de la garniture. Saucer et servir.

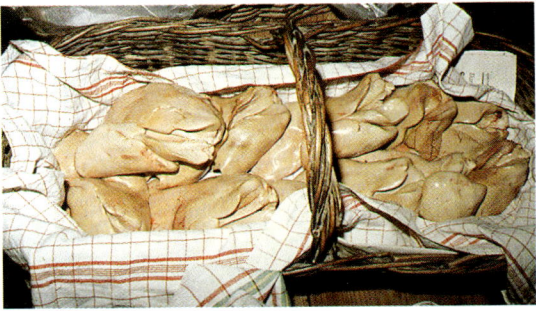

LE FOIE GRAS

MÉMENTO PRATIQUE

▶ Définitions
Foie gras cru : désigne la matière première, non cuisinée.

Foie gras frais : ce n'est pas une appellation légale mais elle correspond, dans le langage courant, aux préparations de courte durée de vie (6 jours).

Foie gras sous vide : les foies gras crus et mi-cuits peuvent se présenter sous ce type d'emballage, avec des délais de conservation correspondants.

▶ Les catégories
Extra :
500-700 g, destiné au foie gras chaud escalopé ou à peine cuit.

Fabrication ou première catégorie :
350-500 g, utilisé par les fabricants pour les produits que nous trouvons chez les distributeurs.

Tout-venant ou T.V. :
utilisé pour les émulsions (ou masses) dans les fabrications présentant un défaut d'aspect (taches, etc.).

Limite de poids : depuis 1996, un foie de canard d'un poids inférieur à 300 g et un foie d'oie d'un poids inférieur à 400g ne sont pas considérés comme des foies gras mais comme des foies de volaille.

▶ Des appellations définies
Seuls les produits ne contenant que du foie gras comportent la mention « foie gras d'oie » ou « foie gras de canard » dans leur dénomination. Les enthousiastes du foie gras d'oie en apprécient la saveur douce et onctueuse, alors que l'on reconnaît au foie gras de canard un goût plus marqué de terroir.

Trois présentations de foie gras sont disponibles sur le marché
- **le foie gras entier :** un ou plusieurs lobes de foie gras moulés,
- **le foie gras :** morceaux de foie gras entier agglomérés (100 % morceaux),
- **le bloc de foie gras :** avec ou sans morceaux. 100 % foie gras reconstitué pouvant comporter des morceaux apparents à la coupe.

« foie d'oie » ou « foie de canard »
Des préparations réalisées à base de foie gras d'oie ou de canard sont commercialisées sous les appellations suivantes
- **parfait de foie d'oie ou de canard :** 75 % au minimum de foie gras d'oie ou de canard,
- **pâté, purée ou mousse de foie d'oie ou de canard :** 50 % au minimum,
- **bloc de foie gras avec morceaux :** 30 % de morceaux au minimum (oie ou canard),
- **truffé :** le pourcentage garanti de truffes atteint un minimum de 3 %.

▶ Savoir acheter un foie gras cru
Le poids et l'aspect
Un foie gras de canard cru pèse de 300 à 650 g. Celui d'une oie varie de 400 g à plus de 1 kg. Un bon foie gras, de couleur uniforme, souple et moelleux, doit être minutieusement préparé, de préférence le jour même, au plus tard le lendemain. Seul un emballage sous vide permet de le conserver un maximum de sept jours.

La couleur
Un foie gras est rosé à l'état cru, et plus souvent jaune ou blanc crème, selon le type de maïs utilisé pour l'alimentation, mais un foie trop rosé est suspect. Le foie gras cru a la particularité de s'oxyder à l'air ; il devient alors gris. Lorsqu'il reste rouge, c'est qu'il est sanguin. Il suffit de le faire dégorger dans de l'eau glacée légèrement salée.

▶ Savoir lire une étiquette
Les mentions figurant sur l'étiquette doivent impérativement indiquer :
- **le nom du fabricant**,
- **la dénomination du produit** conforme aux appellations en vigueur,
- **la liste des ingrédients** par ordre de poids décroissant,
- **la date limite d'utilisation** optimale pour les semi-conserves,
- **la température de conservation**,
- **l'identification du lot de fabrication**.

LA CUISINE EN FÊTE

SAVOIR CONSERVER UN FOIE GRAS

	DÉFINITION DE LA CUISSON	**PRÉSENTATION CONDITIONNEMENT**	**DURÉE DE CONSERVATION INDICATIVE**
FOIE GRAS EN SEMI-CONSERVE OU MI-CUIT	Pasteurisation (cuisson à cœur : 64 à 80 °C)	En boîte, bocal et récipient hermétique	6 mois (2 à 4 °C)
		En pain, sous film sous vide	21 jours (2 à 4 °C)
		En croûte, brioche ou terrine, sous film sous vide	15 jours (2 à 4 °C)
FOIE GRAS EN CONSERVE	Appertisation (stérilisation)	En bocal ou en boîte	Plusieurs années (10 à 15 °C)

UN GAGE DE SANTÉ

Le romancier André Maurois, qui vécut une grande partie de sa vie à Essienderas, en Périgord, rapporte cette anecdote dans son Histoire parallèle des États-Unis et de l'U.R.S.S.
Le docteur Messin, médecin new-yorkais, tente en vain de guérir un malade gravement atteint d'anémie pernicieuse. Au cours d'une visite, le praticien demande à son patient ce qui lui ferait plaisir : « Du foie gras », répond-il... Quelque temps plus tard, le malade paraît en bien meilleur état de santé. Le médecin, extrêmement surpris, se livre à une étude clinique plus approfondie de son malade. Lorsqu'il interdit le foie gras, les globules rouges diminuent, lorsqu'il le tolère de nouveau, ils se multiplient.
Ainsi découvrit-on le rôle des extraits de foie dans l'anémie pernicieuse.
Méditez cette anecdote en coupant de larges tranches de foie gras. Sachez aussi que le foie gras d'oie, lorsqu'il est bien cuit, est aussi digeste, aussi peu calorique que le foie de veau... et tout de même meilleur.

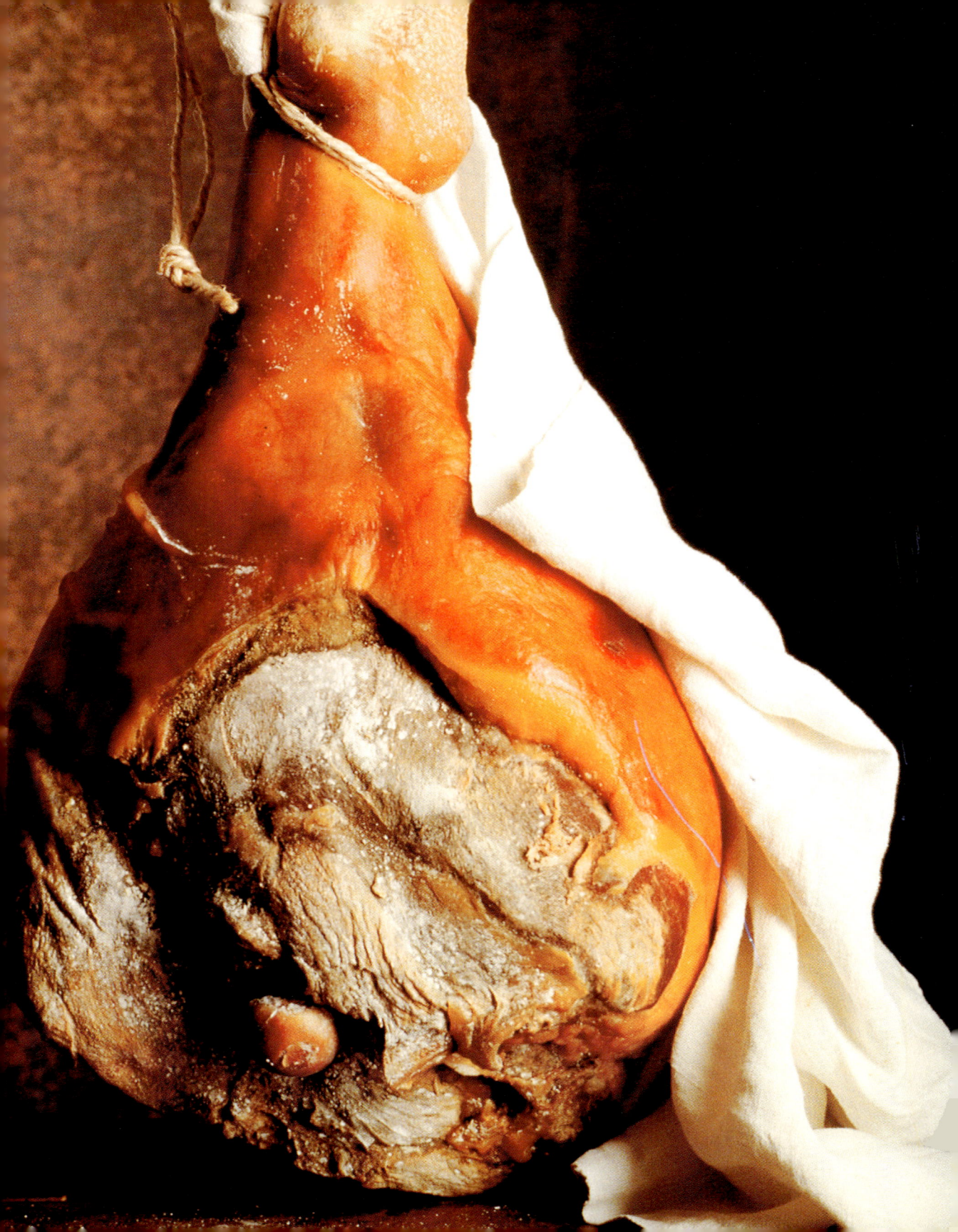

LA CUISINE EN FÊTE

LE JAMBON

On peut être théologien et sensible aux plaisirs de la table.
Ainsi Jansénius réclamait-il à Saint-Cyran, sévère confesseur de Port-Royal né à Bayonne,
des jambons « dissimulés sous quelques gros livres pour dépister les gourmands ».
Depuis le XVIIe siècle, le succès de certains jambons français et espagnols ne s'est pas démenti.
Leur chair parfumée et onctueuse, détachée au couteau en fines tranches,
exhale des arômes délicats, qui ont l'avantage de ne demander aucun talent de cuisinier…

LE JAMBON DE BAYONNE

L'ORIGINE

Les jambons préparés dans les collines de Chalosse et du Béarn prirent tout naturellement le nom de la ville qui formait le cœur du commerce et de l'exportation dans la région : Bayonne était un passage obligé pour l'approvisionnement des marchés des alentours, et s'inscrivait dans la voie de transit vers l'Espagne. Ce dynamisme commercial, le sens de la fête et la joie de vivre de la cité basque contribuèrent à la réputation de ses jambons.

À la Renaissance, ce mets, qui a l'avantage de se conserver longtemps, est un élément précieux dans l'alimentation. Les foires aux jambons fleurissent dans les villes du Sud-Ouest avant Pâques. Celle de Bayonne est bien sûr la plus célèbre, mais Paris a également la sienne, du dimanche des Rameaux au Jeudi saint. Cette date marque à l'époque un moment

Le Pays Basque, berceau du fameux « Bayonne ».

important dans la vie des familles : on fait des provisions pour la fin du jeûne du Carême. Déjà renommé au XVIe siècle, le jambon de Bayonne bénéficie ensuite de l'activité internationale du port, toujours croissante, jusqu'à connaître le summum de sa vogue au XIXe siècle. Il est alors de tous les repas importants. Lorsque le président Carnot vient rallier le Sud-Ouest à la République victorieuse, en 1891, un jambon de Bayonne en gelée figure au menu du banquet qui l'attend. Raymond Poincaré a droit aux mêmes égards en 1913.

LA FABRICATION

Depuis la découpe du porc jusqu'à la consommation, le jambon nécessite maintes attentions pour arriver à maturité. Il faut bien entendu, en premier lieu, choisir la chair d'un porc de qualité.

LE JAMBON

Le salage, la première étape, est essentiel dans la réussite. Répétée régulièrement, l'opération se fait souvent de façon empirique, mais c'est un véritable savoir-faire. Tout l'art réside dans ce tour de main : ni trop, ni trop peu, afin que le sel imprègne progressivement la chair pour lui donner sa quintessence. On utilise un sel de gemme de Bayonne ou de Salies-de-Béarn.

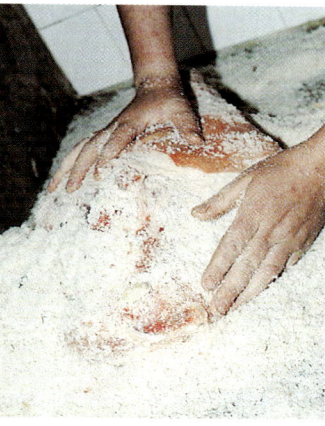

LE SALAGE, UN VÉRITABLE SAVOIR-FAIRE.

Le jambon vert (frais) est ensuite mis à sécher. Les jambons étaient jadis placés au fond d'un coffre, sous une couche de cendres. Ils pouvaient être aussi – comme ils le sont aujourd'hui – suspendus au plafond, dans des sacs de toile à mailles serrées qui les protègent des mouches.

Un nouvel élan

Les professionnels souhaitent aujourd'hui perpétuer la tradition de l'authentique jambon de Bayonne, ce joyau des pays des gaves et de l'Adour. Curieusement, l'appellation n'ayant jusqu'ici pas été

LE SÉCHAGE DURE PLUSIEURS MOIS POUR DONNER UN JAMBON EN PLEINE MATURITÉ.

UN METS ROYAL

Aux XVIe et XVIIe siècles, il était d'usage d'honorer les hôtes illustres qui passaient par Bayonne en leur offrant quelques-uns des beaux jambons qui enchantaient déjà Rabelais.
Les annales regorgent d'exemples : en 1529, le duc de Montmorency, chargé d'une négociation par François Ier ; en 1612, Monsieur de Mayenne, qui se rendait à Madrid pour préparer le mariage de Louis XIII ; en 1660, la reine mère et Louis XIV, venu épouser Marie-Thérèse d'Espagne à Saint-Jean-de-Luz ; en 1679, Marie-Louise d'Orléans, qui allait épouser Charles II d'Espagne... Tous se virent offrir ces « jambons solides et robustes, aux fumets résistants et doux à souhait, d'un goût exquis et d'une finesse sans pareille ». La richesse d'une maison se mesurait d'ailleurs au nombre de jambons qu'on y trouvait suspendus. On rapporte que le père nourricier d'Henri IV (le mari de sa nourrice), lui rendant visite au Louvre et scrutant les plafonds où nul jambon n'apparaissait, lui dit : « Mon petit Henri, mon ami, ce que tu dois passer faim ! Je vais t'en envoyer quelques-uns ».

protégée, on peut fabriquer partout en France des jambons « façon Bayonne », sans suivre aucune règle précise. Les producteurs de la vallée de l'Adour ont heureusement lancé une contre-offensive : une IGP (Indication Géographique Protégée) est en préparation. Cette appellation, qui pourrait voir le jour en 1998, serait réservée aux porcs provenant de vingt-deux départements mais préparés uniquement dans le bassin de l'Adour. Elle imposerait à toute la filière un cahier des charges strict, notamment un temps de sèche de sept mois minimum. Dans cette perspective, un abattoir géant pourrait être implanté à Garlin (Pyrénées-Atlantiques), associant l'Interprofession porcine d'Aquitaine et un laboratoire pour assurer l'ensemble des contrôles, des assistances et des formations. Un projet ambitieux auquel les céréaliers régionaux pourraient collaborer. Le jambon de Bayonne semble donc avoir toutes les chances de retrouver sa réputation d'antan, et les consommateurs de renouer avec sa qualité traditionnelle.

Le jambon Ibaïona

Né de la volonté d'une petite équipe d'éleveurs et de salaisonniers du Pays Basque, ce jambon haut de gamme, de production limitée, mérite une mention

Le jambon Ibaïona : un pur produit traditionnel.

particulière pour son goût spécifique. Les porcs, à prédominance « Large white », sont nourris d'orge, de blé, et de maïs, abondant dans la région. Ils sont abattus à un an environ, quand ils pèsent 180 à 200 kilos. Après avoir été salés de façon traditionnelle, ces jambons sont séchés à l'air du Pays Basque pendant neuf à douze mois, temps nécessaire pour qu'ils parviennent à leur pleine maturité. Leur saveur de noisette est une pure merveille qui ravit les papilles des connaisseurs. Les points de vente, peu nombreux, sont sélectionnés rigoureusement.

Signes de reconnaissance
- Son poids : entre 8,5 et 11 kilos,
- La patte est entière, à la façon espagnole,
- Un marquage sur la couenne en plusieurs endroits,
- Une « carte d'identité » numérotée et indéchirable,
- Un ruban avec médaille.

LA CUISINE EN FÊTE

LE JAMBON IBÉRIQUE

LE PLUS FAMEUX DES JAMBONS ESPAGNOLS.

UN TRÉSOR PROTÉGÉ

Les producteurs espagnols ont longtemps refusé d'exporter leur jambon, craignant de voir la quantité prendre le pas sur la qualité, et la commercialisation se faire au détriment de l'authenticité. C'est donc avec beaucoup de prudence qu'ils exportent aujourd'hui leurs trésors.

Les jambons Serranos, produits à base de porcs blancs, sont relativement connus en France. Parmi eux, le Real ibérico ou jambon ibérique, que l'on appelle communément Jabugo (prononcer Rabougo) ou Patte noire, est incontestablement le plus fin des jambons d'outre-Pyrénées.

LE « PATA NEGRA »

Les porcs qui donnent ce savoureux jambon descendent en droite ligne des sangliers méditerranéens répandus depuis la Préhistoire en Espagne, mais également en Grèce, en Italie et sur les côtes nord de l'Afrique. Le porc ibérique, de taille moyenne, porte un pelage marron-roux, sur une peau pigmentée par des taches de la même couleur. Les épaules, le dos, la croupe et les cuisses sont musclés, les pattes sont longues et robustes. L'ongle de ses pattes, souvent noir, lui a valu le qualificatif de « pata negra », bien que cette caractéristique ne soit pas constante. Sur 100 000 têtes, un tiers sont de pure race, les autres étant croisés avec des porcs de Duroc Jersey. Ces porcs se montrent particulièrement résistants au climat continental semi-aride de leur région d'origine.

Ils sont élevés dans l'une des plus anciennes forêts méditerranéennes, au milieu des chênes verts et des chênes-lièges qui constituent l'essentiel des

27

LE VILLAGE DE JABUGO

Ce petit village proche de Huelva a donné son nom au plus connu des jambons espagnols. Perché à 600 mètres d'altitude, il jouit d'une situation idéale : des vents frais viennent tempérer la canicule andalouse, et les différences de température entre le jour et la nuit sont également des facteurs régulateurs. On y trouve le fameux jambon pur Bellota « Cinco Rotas », fabriqué par l'entreprise Sanchez Romero Carnajal, qui est considéré comme l'un des meilleurs au monde.

pâturages. Les glands occupent donc une place essentielle dans leur alimentation, ce qui n'est pas sans risque puisque, comme tous les fruits, ils sont soumis au rythme des saisons, et donc à des variations quantitatives et qualitatives. La nourriture à base de glands donne cependant les meilleurs jambons. Les troupeaux sont gardés par des bergers équipés de gaules dont ils se servent pour faire tomber les glands. Les porcs se nourrissent à volonté jusqu'à ce qu'ils atteignent leur poids optimal : 180 kilos environ. Ils peuvent absorber de 6 à 8 kilos de glands par jour... L'élevage en plein air, en leur permettant un certain exercice, accélère la formation du persillage intramusculaire, qui donnera une viande particulièrement juteuse.

LA FABRICATION

Les jambons Jabugos, fruits d'une longue maturation, se divisent en trois catégories, selon un classement qualitatif.
- **Le jambon de Pienso :** porcs nourris de céréales et d'aliments tout prêts.
- **Le jambon de Recebo :** porcs nourris aux glands avec un complément de céréales.
- **Le jambon de Bellota (le meilleur) :** porcs nourris exclusivement aux glands.

L'élaboration de ces jambons obéit à des règles strictes. De l'artisanat à la petite industrie, tous les producteurs respectent un cahier des charges issu de traditions ancestrales. Le salage se fait au sel de mer qui, lentement diffusé dans les chairs, conditionne la douceur du jambon. Mais c'est essentiellement le séchage et l'affinage qui font toute la différence. Pendant deux à trois mois, le jambon est exposé alternativement à des phases de sudation, les températures allant jusqu'à 30°C, et à des périodes de ventilation. Il passe ensuite 18 à 30 mois en cave de vieillissement, à 12°C, pour que les arômes se concentrent. Il est alors régulièrement contrôlé par un testeur qui plante au cœur de la viande une sorte de sonde effilée taillée dans un os de vache (la « cala »), qui permet de vérifier à l'odeur la maturité et le stade d'affinage du jambon. À la fin de cette période, le jambon a perdu environ 35 % de son poids d'origine, et la concentration de ses arômes lui confère un bouquet exceptionnel.

Le jambon pur Bellota de Jabugo présente à la coupe une couleur rouge et un persillage fin. Quelques points blancs apparaissent parfois dans la chair : ce sont des cristaux de tyrosine, un acide aminé libéré lors d'un affinage long et lent, donc un gage de qualité. Son arôme et son

LA FABRICATION D'UN JAMBON DEMANDE PLUS DE DEUX ANS DE PATIENCE...

moelleux sont fabuleux. La qualité de sa texture et sa saveur sont dues en grande partie à son faible degré de salaison.

LES RÉGIONS PRODUCTRICES

Tout cela serait idéal sans quelques petites difficultés. La première tient au fait que le secteur professionnel du jambon est très atomisé en Espagne, formé d'entreprises hétérogènes qu'il est difficile d'organiser pour supprimer les risques de dérapage. Par ailleurs, toutes les régions ne bénéficient pas des meilleures conditions climatiques, élément important dans la qualité du produit. La technique du séchage, dans les régions aux étés très chauds, doit être bien maîtrisée pour éviter le rancissement.

Le Jabugo se fabrique dans les régions de Castille-León, d'Estremadure et d'Andalousie. La province de Huelva bénéficie de l'influence de la mer et des hauteurs. Sur les plateaux d'Estremadure, chênes verts et glands prolifèrent ; c'est là que se situent les plus gros élevages. Plus au nord, vers Salamanque, le climat est plus continental. La récolte des glands est plus difficile et le gel peut ruiner toute une saison, obligeant les éleveurs à utiliser des compléments alimentaires.

LES DÉLICES D'UNE CHARCUTERIE EN ESPAGNE.

MÉMENTO PRATIQUE

▶ **LA CHAIR DU JAMBON JABUGO** doit être rouge foncé, et le gras de couleur beige soutenu, surtout chez le pur Bellota. Cette couleur est due au carotène contenu dans les glands.

▶ **LA COUPE** se fait à l'aide d'un couteau à longue lame fine et flexible. Après avoir retiré la couenne, la lame posée bien à plat, on découpe des copeaux, depuis la patte vers la partie charnue, en veillant à équilibrer gras et maigre. Les copeaux doivent être aussi fins que possible pour obtenir ce que l'on appelle en Espagne des « hosties » de jambon qui fondent dans la bouche. On ne le coupe qu'au dernier moment, car ses arômes se dissipent très vite dès qu'il est tranché.

▶ **UN JAMBON QUI SORT DU FROID** devient brillant et suinte dès que la température ambiante atteint 18°C. Pour le déguster dans les règles de l'art, il faut attendre qu'il se soit réchauffé à température ambiante toute une journée ; il livrera ainsi tous ses arômes.

▶ **IL EST CONSEILLÉ** de le déguster avec des vins puissants et capiteux.

LA CUISINE EN FÊTE

LE CAVIAR

PARMI LES PRODUITS QUI FONT RÊVER, LE CAVIAR EST INCONTESTABLEMENT CELUI QUI BÉNÉFICIE DU PLUS GRAND PRESTIGE. POURTANT, SI SA CONSOMMATION REMONTE À LA PLUS HAUTE ANTIQUITÉ, IL FUT D'ABORD UNE NOURRITURE DE PÊCHEURS, QUI EN DÉBARRASSAIENT LES ESTURGEONS AVANT DE LES METTRE EN VENTE. QUE L'ON VEUILLE EN FAIRE UN REPAS D'EXCEPTION OU LE CONSOMMER EN TOUTE SIMPLICITÉ, IL FAUT VEILLER À RESPECTER QUELQUES RÈGLES ÉLÉMENTAIRES POUR LE CHOISIR, LE PRÉSENTER ET LE DÉGUSTER DANS LES MEILLEURES CONDITIONS.

L'ORIGINE

Ce sont bien sûr les œufs d'esturgeon, et uniquement les œufs d'esturgeon, qui font le caviar. Ce poisson avait les honneurs de la table romaine et passait alors pour le meilleur au monde. On le servait dans les banquets sur un lit de roses, au son des tambourins. On trouve sa trace en mer Caspienne, en Amérique et au Canada. Rabelais évoquait quant à lui le « caviat » de la Gironde ou des Bouches-du-Rhône comme un régal… qui plus est permis les jours de carême.

L'esturgeon, que l'on appelle localement créat, a en effet longtemps proliféré en Gironde. Mais les pêcheurs ne s'intéressaient qu'à sa chair, extrayant les œufs pour nourrir la volaille. Il a fallu attendre le séjour d'une princesse russe dans la région, au début du siècle, pour découvrir le trésor que représentaient ces œufs de créat. Le caviar français a malheureusement disparu. On essaie depuis peu de repeupler l'estuaire de la Gironde

LA PÊCHE DE L'ESTURGEON EN MER CASPIENNE.

avec des esturgeons cousins de l'osciètre, pesant de 20 à 25 kg, grâce à des fermes d'alevinage comme il en existe en Russie (où il naît environ 90 millions de petits esturgeons par an). Ce travail de longue haleine n'aboutit pour l'instant qu'à de faibles résultats. Seuls une gestion et un prélèvement parfaitement maîtrisés des réserves pourraient relancer la production et fournir une quantité, limitée mais satisfaisante, d'ici à l'an 2000.

LA MER CASPIENNE, UN ENJEU

Aujourd'hui, 90 % du caviar mondial provient de la mer Caspienne, sorte de lac géant où les poissons sont restés prisonniers après le retrait des eaux au Tertiaire. Une poche d'eau qui suscita bien des litiges entre les deux pays riverains, l'Iran et l'U.R.S.S., pendant plus d'un siècle. À partir de 1840, les baux de mise en location des eaux iraniennes se succèdent, d'un exploitant à l'autre, au gré des difficultés économiques, des tentatives de cartellisation privées et des pressions politiques des tsars. En 1924, la situation se stabilise enfin : la signature d'un accord Iran-Mahi (Iran-U.R.S.S.) se traduit par l'exploitation commune de la partie méridionale de la mer Caspienne. Ce contrat de vingt-cinq ans, en assurant aux investisseurs la possibilité d'amortir leurs placements, leur permet de moderniser et de développer la pêche. Puis en février 1952, après de longues et difficiles tractations, l'Iran reprend ses parts à l'U.R.S.S. Le paiement se fait en poissons et en caviar… Ce sera l'avènement du caviar iranien, avec la naissance d'une société d'État à Téhéran, dotée d'un monopole sur l'activité nationale et internationale.

L'Iran dispose de sept cents kilomètres de côtes équipées de stations modernes où la production est traitée dans les meilleures conditions. Cette partie de la mer Caspienne est plus riche en esturgeons que le nord, un avantage dû à la fois à des éléments naturels et à un meilleur aménagement des côtes.

UNE USINE DE CAVIAR EN IRAN.

La pêche

Il existe deux périodes : la pêche de printemps, qui s'étend de février ou mars à la mi-mai, et celle d'automne, de mi-septembre à mi-décembre. La grande pêche de printemps, pour des raisons essentiellement climatiques, est de loin supérieure.

Elle fournit 80 % de prises de première qualité, contre 50 % en automne.

En mer Caspienne, et plus particulièrement en Iran, la pêche est restée très traditionnelle. Les pêcheurs, embarqués pour la plupart sur de frêles embarcations en bois, aux voiles latines ou à petits moteurs auxiliaires, tendent leurs filets perpendiculairement à la côte. Leurs prises sont rapportées vivantes – souvent en moins de six heures – pour être traitées immédiatement.

COUPE DE LA MER CASPIENNE.

Les esturgeons

Derniers représentants des téléostéens, ces poissons à ossature complète furent les premiers à peupler les cinq océans du globe. Il en existe plus de vingt variétés dans le monde, principalement regroupées dans l'hémisphère Nord. Certaines vivent uniquement en eau douce, d'autres indifféremment en eau douce ou salée.

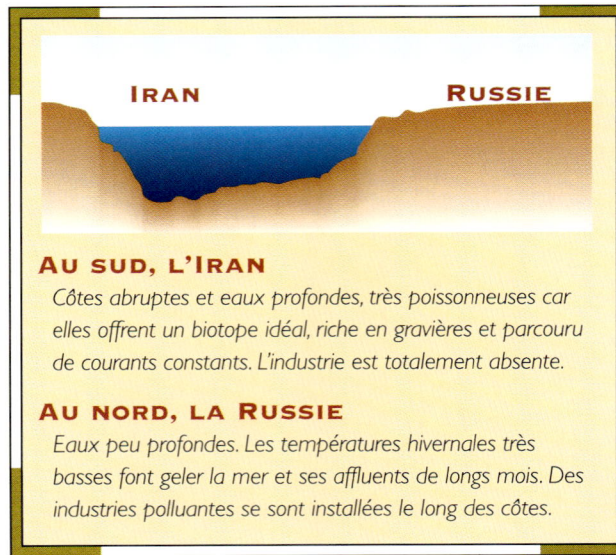

Au sud, l'Iran
Côtes abruptes et eaux profondes, très poissonneuses car elles offrent un biotope idéal, riche en gravières et parcouru de courants constants. L'industrie est totalement absente.

Au nord, la Russie
Eaux peu profondes. Les températures hivernales très basses font geler la mer et ses affluents de longs mois. Des industries polluantes se sont installées le long des côtes.

LA CUISINE EN FÊTE

LE CAVIAR

Ces poissons robustes, et sans arêtes (comme nous les rêverions tous !), ont peu changé depuis trois cents millions d'années. Les esturgeons portent des plaquettes latérales cartilagineuses et se distinguent par quatre prolongations tactiles du derme, placées juste sous la gueule. L'esturgeon se déplace vers les eaux douces des affluents à l'époque du frai. Il peut atteindre cent ans, ce qui explique la durée de sa puberté, allant de huit à vingt ans selon la variété. Des élevages assurent le renouvellement de la population mais il faut

L'ALEVINAGE EN
GIRONDE (LE TEICH).
EN HAUT : UN
ESTURGEON BÉLUGA.

de longues années avant que les alevins puissent regagner leur biotope.
Sur les cinq espèces présentes en mer Caspienne, trois seulement produisent la rogue (œufs) qui deviendra le caviar : le béluga, l'osciètre et le sévruga, de la famille des ascipenséridés. D'autres espèces fréquentant les côtes ouest américaines donnent aussi du caviar, de même que, dans les grands fleuves, l'esturgeon chinois, une sorte de béluga appelé kéluga qui atteint souvent une tonne. Malheureusement, leur caviar est de médiocre qualité.

LA PRÉPARATION

Dès l'arrivée dans les stations côtières, les femelles esturgeons sont tuées par un coup asséné derrière la tête à la masse de bois. Il est important de procéder rapidement car un poisson effrayé libère de l'adrénaline, qui acidifie les œufs jusqu'à les rendre immangeables. Entre ce moment et la mise en boîte, il ne s'écoulera pas plus de 20 à 30 minutes. On débarrasse la femelle de ses œufs (elle peut en renfermer jusqu'à quatre millions), que l'on tamise pour éliminer les restes de la poche contenante. Le caviar subit alors un premier contrôle qualitatif puis un maître d'œuvre, après avoir effectué un second tri, détermine la dose de sel nécessaire selon la qualité, la quantité, la taille et le degré de maturité des œufs. On utilise au maximum 5 % de sel, auquel s'ajoute du borax, un conservateur toléré en France mais interdit en Allemagne et aux États-Unis. Le savoir-faire qui conditionnera la qualité et la bonne conservation du caviar réside dans ce dosage : si le salage est trop faible il se détériorera rapidement, s'il est trop fort il se desséchera et deviendra collant.

La chair d'esturgeon, excellente, peut être séchée, salée ou fumée. La vessie natatoire entre dans la fabrication de colles utilisées en aéronautique.

CONDITIONNEMENT ET DIFFUSION

Le conditionnement joue un rôle capital dans la qualité du produit. Le caviar frais est conditionné, à la main, en boîtes de 1,800 kg. Chaque boîte est remplie au-delà du bord puis, toujours à la main, on applique le couvercle par une pression

EXTRACTION ET TAMISAGE DES ŒUFS.

délicate pour ne pas abîmer les œufs, créant un semi-vide qui contribuera à la bonne conservation. On ajoute une bande de caoutchouc autour de la boîte et du couvercle pour parfaire l'étanchéité et assurer une certaine flexibilité à l'ensemble. Les boîtes sont ensuite emballées par trois dans des sacs de lin puis les sacs plombés mis en caisse. La conservation en l'état est d'un an. Une fois stockées chez les importateurs, les boîtes sont régulièrement retournées pour éviter le dessèchement du caviar, avant qu'il soit redistribué en conditionnements plus petits, suivant les mêmes méthodes.

LES PRÉCIEUX GRAINS, ENFIN PRÊTS POUR LA DÉGUSTATION.

LE MUST | LE CAVIAR FRAIS

Attention, frais ne veut pas dire qui vient d'être pêché. Comme les bons vins ou le foie gras en conserve, le caviar qui vient d'être préparé n'est pas bon, et même écœurant. Une maturité de deux à quatre mois au moins après la pêche est nécessaire, le caviar atteignant sa plénitude entre quatre et onze mois. Lorsqu'on parle de caviar frais, c'est par opposition au caviar pasteurisé. Malheureusement, cette précision n'apparaît sur aucun emballage. Une boîte de caviar frais peut se reconnaître à la bande de caoutchouc qui l'entoure.

LE CAVIAR PRESSÉ

Il faut de 3 à 4 kg de caviar frais pour obtenir 1 kg de caviar pressé. C'est une pure tradition russe, née avant l'apparition des procédés de réfrigération. Le caviar était autrefois pressé pour être conservé en fûts de bois que l'on recouvrait de neige. Le caviar pressé résulte du mélange des œufs de plusieurs poissons, qui ne rentrent donc pas dans les calibrages ni dans les définitions de couleurs. Il est cependant considéré par les Russes comme la « quintessence » du genre : s'il est moins agréable d'aspect que le caviar en grains, il est d'un goût très concentré. On le consomme tartiné.

LE CAVIAR BLANC

Il s'agit tout simplement des œufs d'esturgeon albinos. Le shah d'Iran le réservait à ses hôtes de marque. Ceux qui ont eu le privilège d'y goûter jugent sa saveur très inférieure, mais sa rareté explique le prestige dont il continue de jouir.

LE CAVIAR BLANC, UNE RARETÉ.

ÉTAT DES LIEUX

Contrairement à certaines rumeurs, le règne des ayatollahs n'a pas mis fin à celui du caviar en Iran. Les musulmans intégristes ne peuvent consommer de poissons dotés d'écailles. Mais après avoir soigneusement étudié le cas de l'esturgeon, les « sages » de Téhéran ont conclu que sa peau étant « composée d'une seule et même grande écaille » rien ne s'opposait à sa consommation. Le produit annuel des ventes de caviar iranien représente moins d'une semaine de production de pétrole. Plutôt qu'un enjeu économique, c'est une image de prestige que les Iraniens souhaitent continuer à diffuser.

LA CUISINE EN FÊTE

MISE EN BOÎTE ET CONDITIONNEMENT POUR LE TRANSPORT.

En Iran, la société Shila Trading Corp. Téhéran, qui possède l'exclusivité de la production et de la commercialisation pour le monde entier, maîtrise parfaitement la qualité de son produit. Son équivalent soviétique, en revanche, a disparu depuis l'éclatement de l'U.R.S.S. Les nouvelles républiques russes tentent de relancer leur économie en se livrant à une production effrénée. Des réseaux parallèles ont vu le jour, pratiquant une pêche intensive en toute illégalité, et produisant un caviar vendu à bas prix mais de qualité médiocre qui inonde le marché international. Ces excès, qui épuisent peu à peu les réserves naturelles, s'ajoutent à d'autres dangers menaçant la mer Caspienne : une montée inexpliquée des eaux, depuis une vingtaine d'années, érode les rives et détruit les zones de reproduction des esturgeons, tandis que la pollution croissante des industries russes est poussée vers l'Iran par les vents du Nord. Les experts estiment que tout espoir de redresser la situation serait perdu dans dix ans si des dispositions n'étaient pas prises d'urgence.

37

LE CAVIAR

QUESTIONS ? RÉPONSES

Comment conserver le caviar ?
● Au réfrigérateur, dans la zone la plus froide (2 à 4° au maximum). Jamais au freezer et encore moins au congélateur. Soyez attentif à la date limite de consommation indiquée sur la boîte (un mois pour le caviar frais). Après ouverture, il est préférable de le consommer sous 24 heures.

Comment le présenter ?
● Dans son récipient d'origine, sur un lit de glace pilée, ou sur l'un des nombreux présentoirs commercialisés par les magasins d'art de la table, qui lui donnent des allures royales.

Attention : évitez tout contact direct avec l'argent (pour le contenant ou les couverts), il produirait un désagréable goût métallique dans la bouche. Il existe des couverts spéciaux, généralement à embout en corne.

Évitez également les lits de salade, le citron, les oignons, la crème fraîche aux herbes, les œufs hachés ou autres décorations. Le caviar se suffit amplement à lui-même !

Avec du pain ou des blinis ?
● Vous découvrirez tous les parfums du caviar sur une tranche de pain de mie légèrement grillée et très légèrement beurrée, ou couverte d'une très fine couche de crème fraîche. Ou encore sur un blini chaud, nappé de crème fraîche. Les blinis sont particulièrement appropriés au caviar pressé, que l'on sortira du réfrigérateur deux bonnes heures avant le repas pour lui permettre d'exhaler à température ambiante tout son parfum, comme on le fait pour un bon vin.

A quelle température faut-il le servir ?
● Pour le caviar frais, il est conseillé de sortir la boîte du réfrigérateur au moins un quart d'heure avant la consommation. Lui aussi doit être encore frais mais surtout pas froid pour diffuser tous ses arômes.

Quelle quantité prévoir ?
● La portion idéale est de 30 à 50 g par personne.

Que boire avec du caviar ?
● Une vodka bien frappée ou un bon champagne brut sont les boissons d'accompagnement les plus classiques. Mais les goûts ne se discutent pas, et un bourgogne rouge ou blanc, comme de grands bordeaux, peuvent également être appréciés.

Un dernier conseil ?
● Ne mâchez surtout pas les grains. Conservez-les un instant entre le palais et la langue. Puis, par une simple pression, écrasez-les et laissez percer leur goût délicat.

MÉMENTO PRATIQUE

L'étiquetage
La législation est malheureusement bien timide. Une boîte ne doit comporter que le pays d'origine, la variété de poisson, et bien entendu le poids et la date limite de consommation. Aucun importateur n'a, comme cela s'est fait pour le saumon notamment, développé une information plus détaillée (caviar frais ou pasteurisé, date de pêche...) qui aiderait le consommateur à faire son choix en toute connaissance de cause.

Teneur en vitamines
Le caviar, très riche en vitamines D, A, C, B2, B4, B12 et PP, contient 30 % de protéines.

L'appellation « malossol »
« Malossol », qui signifie peu salé, ne désigne pas une variété de caviar comme on pourrait le croire, mais tous les caviars peu salés.

LES TROIS VARIÉTÉS

Le béluga

Le béluga, qui vivait encore il y a moins d'un siècle en Adriatique et remontait le Pô, ne se trouve plus aujourd'hui que dans la mer Caspienne et dans la mer Noire. C'est le plus gros, et le seul qui soit exclusivement carnassier. C'est aussi le plus rare. On en pêche environ cent par an en mer Caspienne. Extrêmement puissant et sauvage, il chasse en permanence ses proies, les poissons blancs qui se déplacent en bancs. La femelle, mature à l'âge de vingt ans, donne les œufs les plus gros.
Taille : il peut atteindre 4 mètres et peser jusqu'à 1 tonne.
Production : de 40 à 300 kg de caviar (30 œufs environ au g).

L'osciètre

De taille moyenne, cet esturgeon omnivore porte sous son nez une trompe rétractile à l'aide de laquelle il aspire plantes, petits poissons et crustacés, ses nourritures habituelles.
Taille : il peut atteindre deux mètres et peser jusqu'à 200 kg. La moyenne des pêches se situe aux environs de 1,20 mètre pour 80 kg.
Production : de 5 à 20 kg de caviar (50 œufs au g).

Le sévruga

C'est le plus petit des trois. Il est reconnaissable à son nez en trompette et à des losanges osseux plus visibles sur les flancs.
Taille : il peut atteindre 1,50 mètre et dépasse rarement 25 kg.
Production : de 2 à 10 kg de caviar (80 œufs au g).

Caviar béluga

Le caviar béluga varie du gris clair au gris soutenu. Il est particulièrement apprécié pour la grosseur de son grain et la finesse de sa peau, la variété la plus prisée étant la plus claire. S'il est le plus cher, il n'en est pas pour autant le meilleur.

❖ **Sélection spéciale (grade 1)**
Grains particulièrement gros, classé d'élite mondiale.
Variétés de couleurs :
000 : gris clair, le plus prisé
00 : gris moyen
0 : gris foncé.

❖ **Béluga**
Granulation normale, gris clair à moyen.

Caviar osciètre

Le caviar osciètre, allant du gris brun sombre au doré, se reconnaît à son goût de noisette et à son arôme particulier. C'est le préféré des connaisseurs.

❖ **Sélection spéciale (grade 1)**
Variétés de couleurs :
Color A : or gris
Color B : gris foncé
Asetra : granulation normale, gris moyen.

❖ **Royal caviar**
Couleur or. Beau grain assez gris et doré, le plus rare et le plus recherché des caviars. *Considéré par les spécialistes comme le meilleur.*

Caviar sévruga

Le caviar sévruga est plus sombre, et à grain fin. Sa saveur est particulièrement fine.

❖ **Sélection spéciale (grade 1)**
Gris foncé à gris clair.

❖ **Sévruga**
Granulation normale, gris foncé.

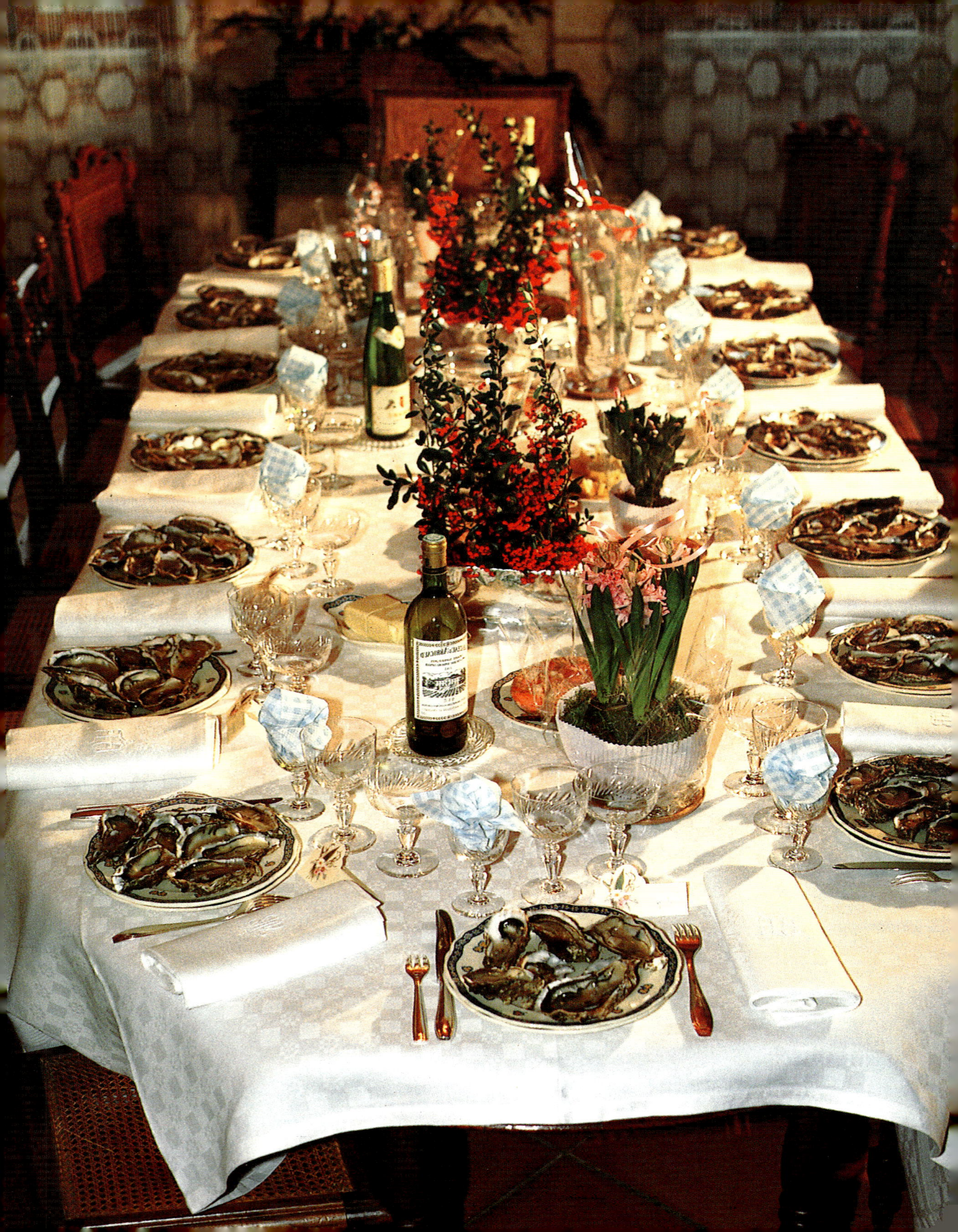

LA CUISINE EN FÊTE

LES HUÎTRES

Nées au cours de la Préhistoire, il y a plus de 20 millions d'années, les huîtres étaient déjà appréciées en Chine, où on les préférait cuites, il y a 4 000 ans. Les Grecs et les Romains, les ayant découvertes en Gaule 2 000 ans plus tard, en raffolaient. Dans les siècles passés, faute de savoir les conserver, on les consommait essentiellement cuites. La cuisine moderne redécouvre les vertus de la cuisson, très rapide, qui exalte leur goût iodé. Crue ou cuite, l'huître reste un délice facile à préparer.

Un cocktail des bienfaits de la mer sur votre table.

L'ORIGINE

Les Romains font leurs provisions d'huîtres en Bretagne, en Gironde et en Corse, et les acheminent jusqu'à Rome dans des baquets d'eau de mer. Ils sont sans doute les premiers à s'intéresser à la culture de l'huître : dans son *Histoire naturelle*, Pline l'Ancien attribue son origine à Sergius Orata. Au IVe siècle, le poète Ausone en parlait avec délice. Mais il faut attendre le IXe siècle pour voir les vrais débuts de l'ostréiculture en France. Tout commence avec l'histoire du sel et des marais salants que les Romains créent en Saintonge à l'époque gallo-romaine...

L'HUÎTRE ET LA GABELLE

Au XIe siècle, le défrichage fait l'objet d'un vaste effort collectif et l'activité salicole connaît son apogée. Son berceau, la Saintonge, bénéficie d'un dynamisme économique extraordinaire. Le littoral se couvre de ce que Victor Hugo, passant par l'île de Ré, appellera les « fenêtres », ces paysages cloisonnés bien spécifiques des marais salants. Toute l'Europe affrète alors des bateaux pour venir chercher le sel, élément indispensable au Moyen Age à la conservation des aliments. Le XIIe siècle marque l'âge d'or saintongeais. Paradoxalement, c'est un roi charentais qui entraîne, plus tard, le déclin de la riche province. François Ier, né à Cognac, entend tirer profit de cette activité florissante : en 1542, il instaure un impôt sur le sel. Cette fameuse gabelle provoque une violente révolte et freine le développement de la région. Tous les efforts de redressement seront vains et l'activité salicole continuera de péricliter, jusqu'à ce que l'ostréiculture remplace le sel dans l'économie de cette région.

HISTOIRE DE COQUILLES

L'histoire nous rapporte que les Grecs utilisaient les coquilles d'huîtres comme bulletins de vote. Aristote, par exemple, fut banni d'Athènes pour dix ans « à coquilles levées ». Ostrakon, *qui signifie coquille en grec, a donné dans la langue française le mot ostracisme, tenir à l'écart.*

41

LES HUÎTRES

L'OSTRÉICULTURE INDUSTRIELLE

Vers 1850, le savant Coste découvre en Italie le moyen de « récolter les larves d'huîtres en mer pour ensuite les élever ».

LE PARC OSTRÉICOLE DE MARENNES-OLÉRON.

Le collecteur est né et, avec lui, l'ostréiculture industrielle. Le bassin d'Arcachon est à cette époque le plus gros producteur d'huîtres en France. Mais le pillage anarchique des bassins oblige bientôt les éleveurs à importer des huîtres du Portugal pour maintenir leur production.

En 1868, *le Morlaisien*, un bateau commandé par le capitaine Patoiseau, originaire du Château-d'Oléron, fait

À DROITE : PARCS À HUÎTRES DE CANCALE (ILLE-ET-VILAINE).

route vers Arcachon chargé d'une cargaison d'huîtres. Pris dans une tempête, il se réfugie en Gironde, et après plusieurs jours doit se décider à jeter son chargement par-dessus bord, entre Saint-Vivien et le Verdon. Les huîtres survivent miraculeusement. Peu à peu, elles envahissent le littoral charentais, constituant des réserves naturelles importantes, et finissent par supplanter totalement l'huître plate. L'essor économique du bassin de Marennes-Oléron s'amorce en 1880. Il atteint vers 1950 une production d'environ 40 000 tonnes.

De 1967 à 1970, les huîtres, déjà chétives à cause d'une trop forte concentration, ne peuvent résister à des vagues successives d'épizooties qui entraînent la disparition de la souche portugaise. À partir de 1972, on importe pour les remplacer des huîtres du Japon et du Canada, que l'on élève encore aujourd'hui.

LA REPRODUCTION

Mollusque complexe, l'huître a des mœurs pour le moins originales : elle passe sa vie à changer de sexe. L'huître creuse, lorsqu'elle est mâle, libère une semence qui, portée par les courants, féconde les œufs

LES MOIS EN « R »

*O*n a longtemps déconseillé de consommer des huîtres pendant les mois dont le nom ne comporte pas de « R », du printemps à l'été. Cet adage n'a plus aucun sens aujourd'hui. Il s'explique par une ordonnance royale qui interdisait la pêche pendant ces mois, qui correspondent à la période de reproduction, pour éviter d'épuiser les bancs naturels. Cette précaution était d'autre part utile lorsque les problèmes de transport n'étaient pas encore bien maîtrisés, mais les techniques modernes (réfrigération, rapidité) ont rendu totalement caduque cette vieille légende.
Cependant, il est important de savoir que l'huître supporte très mal les expositions au soleil. La vente se trouve donc réglementée pendant l'été : une autorisation spéciale assujettie à des contrôles stricts des services vétérinaires est nécessaire. Par ailleurs, pendant leur période de reproduction, les huîtres sont plus grasses et plus laiteuses. Manger ou non des huîtres en été est donc avant tout une question de goût...

LA CUISINE EN FÊTE

LES HUÎTRES

Ramassage des faisceaux de collecteurs.

Huîtres sauvages.

qu'elle expulse quand elle redevient femelle. L'huître plate a un rythme de mutation sexuelle plus rapide, qui suit chaque émission de produits génitaux, alors que la creuse attend d'avoir pondu ses œufs pour changer de sexe.

Les huîtres pondent en été. C'est la période où elles sont laiteuses. Une huître creuse femelle pond de vingt à cent millions d'œufs. Une huître plate n'en pond qu'un million, mais avec un système particulier et perfectionné : elle garde ses œufs dans une poche, où la semence mâle pénètre grâce au courant respiratoire de l'huître, et les féconde avant leur expulsion.

Les œufs expulsés donnent naissance à une larve planctonique qui nage et dérive pour chercher à se fixer. La mutation de la larve en huître se fait au moment où la larve abandonne sa vie errante pour se fixer sur un rocher. Elle devient alors huître sauvage ou bien se fixe sur le collecteur d'un ostréiculteur. Cette phase se déroule en quelques jours à peine. Sa taille microscopique l'expose alors à tous les dangers, car elle peut être engloutie à tout moment par des poissons ou des crustacés. Sur les millions d'œufs expulsés à chaque ponte, une dizaine seulement survit.

LES GRANDS « CRUS » OSTRÉICOLES FRANÇAIS

EN BRETAGNE

Les meilleures huîtres de la Bretagne Nord viennent de Cancale, de Saint-Brieuc et de Morlaix, où l'on trouve les fameuses belons, nourries d'un mélange d'eau douce et d'eau de mer qui leur donne un goût profond, fin et iodé. En effet, le naissain est d'abord élevé dans la rivière de Belon, d'où son nom. La belon plate est la plus réputée, sa chair est blanche avec des nuances de gris. La belon creuse est plus charnue, et la présence importante d'algues dans son milieu d'élevage lui donne une petite saveur végétale.
Saint-Philibert, avec ses huîtres plates, fines et délicates, Auray, et La Trinité décrochent les médailles pour la Bretagne Sud.

HUÎTRE DE CANCALE.

EN NORMANDIE

Trois crus se partagent les honneurs. Les huîtres de Blainville-Coutainville, au goût iodé de pleine mer, sont creuses, de taille moyenne. Blainville bénéficie d'un marnage (le deuxième par son importance au monde) qui permet un meilleur brassage de l'eau et du plancton dont se nourrissent les huîtres.
Celles de Saint-Vaast-la-Hougue sont creuses et assez charnues. Louis XIV raffolait des « pieds de cheval », huîtres de gros calibres qu'il faisait venir de Saint-Vaast. Aujourd'hui, elles sont plus petites, et leur goût particulier de noisette fait toute leur réputation. Quant à la baie des Veys, elle est surtout fameuse pour la « spéciale d'Isigny », huître croquante, très charnue et très douce.

ENTRE LES ESTUAIRES DE LA CHARENTE ET DE LA GIRONDE

Cette région, qui connaît la plus forte production de France, est surtout renommée pour ses claires et ses spéciales de claire vertes, très parfumées. C'est le berceau de la célèbre Marennes-Oléron, huître creuse comme toutes celles qui sont produites dans cette zone.

HUÎTRE D'OLÉRON.

LA BAIE D'ARCACHON

La plupart des huîtres sont creuses, mais l'on trouve aussi des plates, souvent nommées « gravettes », qui sont très charnues.

HUÎTRE D'ARCACHON.

L'ÉTANG DE THAU

Ces huîtres méditerranéennes présentent une particularité : elle sont élevées « à la corde », c'est à dire suspendues dans l'eau. Elles sont creuses ou plates. L'étang de Thau communique avec la mer par le canal de Sète, ce qui donne aux bouzigues, ces petites creuses réputées, un goût marin caractéristique.

BOUZIGUES.

LES HUÎTRES

L'ÉLEVAGE

Les « collecteurs à naissains » sont des sortes de maternité pour petites huîtres. Les ostréiculteurs débordent d'imagination pour proposer aux larves d'huîtres des supports de fixation facile : tuiles chaulées, amas de coquilles Saint-Jacques, plaques de plastique, ardoises, etc.

Les collecteurs sont immergés dès l'apparition des larves, les laboratoires de l'IFREMER (Institut Français de Recherches pour l'Exploitation de la Mer) assurant le repérage de ces périodes. Huit à dix-huit mois plus tard sonne l'heure de la récolte. Les huîtres mesurent alors entre deux et quatre centimètres. On les décolle des collecteurs (c'est l'opération de « détroquage »), pour les mettre dans des sacs grillagés posés dans la mer, ou les poser directement sur les sols des parcs d'élevage. Au bout d'un an, les huîtres sont changées de parc. Pendant toute cette période (trois ans en tout), les ostréiculteurs retournent les poches et les huîtres pour travailler les coquilles. Les huîtres sont élevées de façons différentes selon les régions, leur goût varie donc en fonction des lieux de production mais aussi de l'affinage.

UN COLLECTEUR À NAISSAINS.

Sur la totalité des huîtres commercialisées, environ un tiers seulement bénéficient de cette dernière phase. L'opération consiste à placer les huîtres adultes pendant quelques mois dans des parcs ou des bassins peu profonds, les « claires », où elles se nourrissent en filtrant le plancton contenu dans l'eau de mer. Les huîtres ne rechignent pas à l'ouvrage et filtrent à une cadence infernale : un litre à l'heure pour les plates, cinq litres pour les creuses. Certaines zones de production sont privilégiées. C'est le cas de Marennes, qui obtient grâce à une algue microscopique, la « navicule bleue », des huîtres d'une couleur verte très particulière, les « vertes de claire ».

C'est à la fin de ce séjour en claire que le classement par taille et l'indice de qualité seront définis. La taille, le goût,

LES TUILES SONT L'UN DES SUPPORTS COURANTS DE L'OSTRÉICULTURE.

l'aspect et, par conséquent, le prix d'une huître, dépendent du temps passé en affinage et de la teneur en plancton de l'eau dans laquelle elle a été élevée.

PETIT RAGOÛT FIN D'HUÎTRES DE MARENNES SUR UNE MOUSSE LÉGÈRE AU CRESSON RENFORCÉE AU MUSCADET

Jean Bardet
Château Belmont
57, rue Groison
37100 Tours

POUR 4 PERSONNES

- 16 grosses huîtres spéciales de Marennes
- 1 botte de cresson
- 3 échalotes grises
- 200 g de beurre
- 3 c. à soupe de vinaigre de vin blanc
- 4 c. à soupe de muscadet
- 1 c. à café rase de poivre mignonnette (poivre blanc concassé)
- poivre de Cayenne
- paprika en poudre

Tous les vins secs d'expression maritime se marient bien à ce plat, gros plant et muscadet, ou encore vouvray sec.

1. Ouvrir les huîtres en glissant le couteau sur le côté de la coquille, le talon de l'huître dirigé vers vous. Ôter le couvercle. Recueillir son eau dans une assiette creuse, sectionner l'attache avec un couteau et mettre l'huître dans une casserole.
2. Lorsque toutes les huîtres sont ouvertes, passer leur eau à travers une passoire fine, dans une casserole qui servira à les pocher.
3. Couper les bouquets de cresson à 2 cm environ au-dessus du lien de la botte. Bien les laver et les égoutter. Préparer un grand récipient d'eau froide avec des glaçons.
4. Réserver un bouquet pour la décoration et plonger les autres dans une grande casserole d'eau bouillante salée. Les égoutter 2 mn après la reprise de l'ébullition et les mettre aussitôt dans l'eau glacée.
5. Verser les bouquets dans une passoire fine, les faire égoutter puis les mixer pour obtenir une purée fine.
6. Préparer un beurre blanc : éplucher, puis hacher très fin les échalotes. Les mettre dans une casserole, ajouter le poivre mignonnette, le vinaigre et les 3 cuillères à soupe de jus d'huîtres. Faire réduire sur feu doux jusqu'à ce qu'il ne reste plus que 2 cuillères à café de liquide. Ajouter alors le beurre ferme coupé en gros morceaux, remuer avec le fouet sur feu doux pour obtenir un beurre blanc onctueux. Garder au chaud au bain-marie.
7. Mettre la casserole d'eau des huîtres avec le muscadet sur le feu ; au premier frémissement, ajouter les huîtres. Retirer du feu, compter 30 s et égoutter les huîtres sur un papier absorbant.
8. Réserver le quart du beurre blanc et mélanger le reste avec 2 cuillères à soupe de purée de cresson. Ajouter une pincée de poivre de Cayenne et, au besoin, une pincée de sel fin.
9. Napper le fond des assiettes chaudes de sauce au cresson, poser par dessus 4 cuillères à café de beurre blanc sans qu'elles se touchent et glisser une huître sur chacune d'elles. Ajouter un soupçon de paprika sur les huîtres, passer au besoin les assiettes 1 mn au four très chaud, décorer avec des petites feuilles de cresson et servir.

LES HUÎTRES

QUESTIONS ? RÉPONSES

Comment être sûr de la fraîcheur des huîtres que l'on achète ?

● Les coquilles doivent être humides et se présenter fermées, ou se refermer immédiatement dès qu'on les touche. Elles doivent également être lourdes ; cela prouve qu'elles ont conservé leur eau. Deux étiquettes figurent sur les bourriches : la première précise la date de départ de l'établissement ostréicole, et garantit la salubrité des coquillages. La seconde, l'étiquette d'expédition, indique la provenance, la dénomination de vente et le calibre.

Comment doit-on les conserver chez soi ?

● Une précaution est indispensable : les huîtres doivent être entassées à plat, et protégées par un couvercle sur lequel vous poserez un poids assez lourd pour les empêcher de s'ouvrir et de perdre leur eau. C'est un élément essentiel pour préserver leur qualité.

À quelle température faut-il les conserver ?

● La température idéale se situe entre 5°C et 10°C. Elle ne doit jamais descendre à moins de 5°C : cette température « casserait » la saveur de l'huître. Attention : à - 5°C, l'huître gèle et devient immangeable.

Combien de temps peut-on les garder ?

● En bourriche, placée dans le bas du réfrigérateur, elles peuvent se conserver d'une semaine à dix jours. Il est préférable de ne les ouvrir qu'une demi-heure (une heure au maximum) avant la consommation.

Les huîtres creuses et plates s'ouvrent-elles de la même façon ?

● Les huîtres creuses s'ouvrent du côté le plus épais, avec la pointe du couteau. Les plates s'ouvrent par le talon, en plaçant le milieu de la lame dans la jointure. Prenez soin de ne pas crever la noix de l'huître et de récupérer le voile, qui reste souvent attaché au couvercle. La rapidité des écaillers peut laisser rêveur : les records avoisinent cent huîtres en six minutes ! Pour les non-initiés, il est conseillé de placer l'huître dans un torchon en plusieurs épaisseurs. La main ainsi protégée permettra d'assurer une bonne prise et de limiter les risques de dérapage du couteau. Attention : l'huître doit rester vivante, et se rétracter au toucher après ouverture.

Après ouverture, faut-il conserver leur eau ?

● La jeter présente deux avantages : on évacue les petits morceaux de coquille qui ont pu se casser et, surtout, l'huître renouvelle son eau, qui est alors plus iodée et plus parfumée. En revanche, si vous voulez pocher les huîtres, vous avez le choix entre les faire cuire dans leur eau ou dans un fumet. Si vous utilisez l'eau, filtrez-la avant de pocher les huîtres !

Comment les présenter ?

● Les huîtres doivent être servies fraîches, mais jamais sur de la glace pilée, qui « tue » le goût. Posez-les simplement sur un lit de goémon que l'on vous aura donné à l'achat. Pour profiter de toute leur saveur, mangez-les nature, ou versez-y, au choix, un peu de jus de citron ou de vinaigre d'échalotes (une échalote hachée finement, une pincée de poivre et 5 cl de vinaigre). Les huîtres crues s'accompagnent généralement de pain de seigle et de vin blanc sec.

CATÉGORIES ET CALIBRAGE

On distingue deux espèces : les huîtres plates et les huîtres creuses. La numérotation se fait d'après leur poids, selon des critères différents pour chaque variété.

Les espèces

L'huître plate

Elle ne représente aujourd'hui que 1 % de la production. La numérotation varie du numéro 000, désignant une huître qui pèse plus de 100 g, au numéro 6 pour une huître de 20 g. Plus le numéro est petit, plus l'huître est grosse.

L'huître creuse

Dite aussi huître japonaise, elle est originaire du Pacifique. Elle a remplacé l'huître portugaise (décimée en 1970 par une maladie) à laquelle elle ressemble beaucoup. La norme TG1 (très grosse) désigne toutes les huîtres dont le poids est supérieur à 110 g. La numérotation va ensuite en décroissant : G et G2 (grosse, 80 à 110 g), M3 et M4 (moyenne, 50 à 80 g), et enfin P5 et P6 (petites, 30 à 50 g). Les spéciales de claire ne descendent pas en dessous de P5 (40 à 50 g).

Les catégories

Les claires et les fines de claire sont affinées pendant au moins un mois, dans des bassins qui contiennent un maximum de 20 coquillages par m^2. Les spéciales de claire sont quant à elles affinées pendant deux mois au minimum, et leur densité est limitée à 10 coquillages par m^2.

Mise en claire des huîtres (Marennes).

Les appellations non réglementées

Attention, certaines appellations ne correspondent à aucune classification réelle.

Les papillons : ce nom poétique ne rime plus à rien. Les jeunes huîtres portugaises avaient la particularité d'avoir des valves (coquilles) parfaitement symétriques, semblables à des ailes de papillon. Ce n'est pas le cas des huîtres japonaises qui les ont remplacées.

Les huîtres boudeuses : ce terme s'applique en réalité à des huîtres maigres, qui se nourrissent mal. À rejeter.

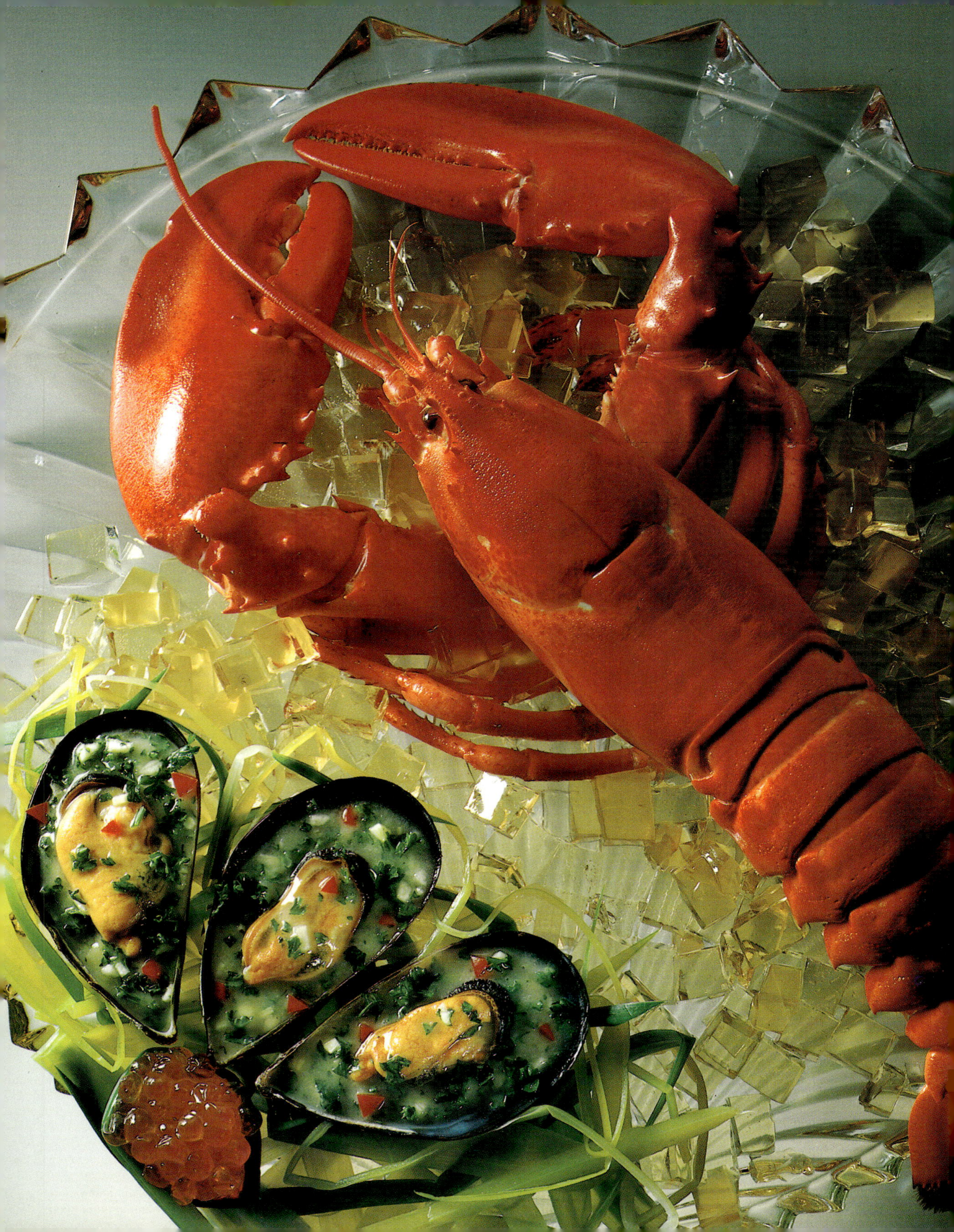

LA CUISINE EN FÊTE

HOMARD ET LANGOUSTE

Faire craquer les pinces et les carapaces pour en extraire une chair au goût subtil : tel est le premier plaisir qu'offre un plateau de fruits de mer aux gourmets. Mais c'est aussi un cocktail de sels minéraux et de vitamines, qui a l'avantage d'être peu calorique, et concentre tous les bienfaits de la mer dans nos assiettes.

LE HOMARD

Le homard et ses redoutables pinces-outils.

Portrait

Le homard affectionne les fonds rocheux. Leurs anfractuosités naturelles lui permettent de creuser un terrier où ce solitaire farouche, agressif par nature, passe la journée bien à l'abri. Ses longues antennes flexibles, toujours en alerte, l'avertissent du moindre mouvement extérieur. Dès la nuit tombée, il se met en chasse, utilisant ses pinces puissantes comme des ciseaux grands ouverts pour s'emparer de sa nourriture. La pince la plus grosse sert de marteau, la plus petite de couteau-scie. Malheur aux proies qui passent à sa portée : elles seront immédiatement découpées, broyées et dévorées.

Les mues

Ce prédateur redoutable a une grande faiblesse : les périodes de mue qui accompagnent sa croissance. Quelques semaines avant la mue, il cesse de s'alimenter, puis se couche sur le côté et se replie sur lui-même pour se débarrasser entièrement de sa carapace. Il devient alors mou, complètement inoffensif et vulnérable jusqu'à ce que la nouvelle carapace soit reformée. Les gourmets prétendent qu'il constitue pendant cette période un mets d'exception. Son ennemi héréditaire est d'accord : le congre, féroce anguille des mers, raffole du homard… à plus forte raison lorsqu'il est sans défense.

Le homard mue en moyenne une dizaine de fois la première année, trois ou quatre fois la deuxième année, deux fois la troisième année, et de moins en moins fréquemment à partir de quatre ans, son âge adulte. Il pèse alors environ 500 g et mesure 23 à 25 cm. Il atteint sa taille définitive vers l'âge de sept ans, pouvant peser entre 850 g et 1 kg, et mesurer environ 30 cm.

HOMARD COMMUN DE MÉDITERRANÉE.

LA PÊCHE

La pêche du homard est très saisonnière. Elle commence fin mars ou début avril, au moment où la température de l'eau commence à se radoucir, atteint son pic en juin et juillet, puis décline progressivement jusqu'en octobre pour s'arrêter tout l'hiver.

LA PÊCHE CÔTIÈRE

Appelée aussi «pêche des spécialistes», elle est pratiquée par de petits bateaux, longs de 5 à 8 mètres, travaillant le long des côtes avec des filières courtes, de vingt casiers au maximum.

LA PÊCHE EN HAUTE MER

Dite aussi «pêche accessoire», elle est pratiquée par de grands caseyeurs qui partent en mer plusieurs jours, au large de la Manche Ouest. Ils utilisent des filières de vingt à soixante-dix casiers.

La pêche française ne suffit pas aux besoins du marché. Nous importons tous les ans plusieurs milliers de tonnes de homards d'Angleterre, d'Irlande, d'Écosse, ainsi que du Canada et des États-Unis.

LA PÊCHE AUX CASIERS EN BRETAGNE.

HOMARD AU VIN JAUNE

Alain Passard
84, rue de Varenne,
75007 Paris

Pour 4 personnes
* 4 homards de 400 g
* 3,5 dl de vin jaune
* 300 g de girolles
* 200 g de beurre doux
* 25 g de beurre salé
* sel, fleur de sel, épices
* huile de noisette
* 1/2 citron

1. Pocher les homards pendant 4 minutes, puis les braiser au four dans le vin jaune, à couvert, pendant 12 à 15 minutes au thermostat 4-5 (180°). Laisser reposer.
2. Passer le jus de cuisson, s'assurer que le vin soit cuit, monter au beurre, assaisonner, ajouter l'huile de noisette.
3. Parallèlement, faire sauter les girolles, assaisonner, déglacer au jus de citron.
4. Réchauffer le homard, le découper en aiguillettes, dresser sur assiettes avec les girolles et napper de sauce au vin jaune.

LES VARIÉTÉS

Le homard européen ou breton
Couleur : bleu nuit, presque noir. On le pêche au casier, du nord de la Norvège aux côtes méditerranéennes, jusqu'à 120 mètres de profondeur.

Le homard américain (ou canadien)
Couleur : brun-vert ou marron. Plus grand que l'européen, il abonde sur les côtes est du Canada et du nord des États-Unis. On le pêche au casier et au chalut jusqu'à 500 mètres de profondeur.

Après la cuisson, ils seront exactement de la même couleur : rouges. Les connaisseurs ont une préférence pour le goût et la chair, plus ferme, du homard européen. Mais le homard américain ou canadien conserve un avantage : son prix.

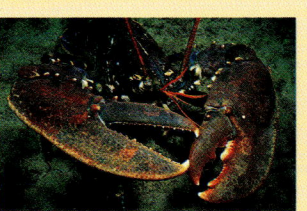

Homard européen.

Homard américain.

SALADE DE HOMARD AUX TOMATES CONFITES ET COURGETTES GRILLÉES

Philippe Rousselot
Le Bacchus gourmand
Maison des vins
côtes-de-Provence
83640 Les-Arcs-en-Provence

POUR 4 PERSONNES
- 2 homards de 400 ou 500 g
- 4 grosses tomates
- 2 courgettes (ou 800 g) longues et fines
- 250 g de mozzarella en petits dés
- 2 citrons jaunes
- 200 g de crabe émietté
- 10 olives niçoises
- 10 cl de sauce américaine ou bisque de homard
- 2 c. de mayonnaise ferme
- 1 c. de pistou
- 1 c. de vinaigre de vin ou de xérès
- 10 feuilles de basilic
- 20 cl d'huile d'olive vierge
- sel, poivre et sucre

1. Cuire les homards dans un court-bouillon ou à l'eau salée pendant 8 mn. Les décortiquer, couper 8 rondelles dans chaque queue, enlever le cartilage de chaque pince. Réserver au froid.

2. Enlever la peau des tomates en les trempant 2 mn dans l'eau bouillante, rafraîchir aussitôt. Les couper en deux dans le sens horizontal, enlever les pépins. Sur une plaque allant au four, disposer les tomates. Assaisonner de sel, poivre, sucre, et arroser d'un filet d'huile d'olive. Cuire à 70°C pendant 3 heures environ. Les retourner en milieu de cuisson. À la sortie du four, couper les tomates en petits dés réguliers. Réserver au froid.

3. Couper une courgette en deux. Tailler des bandes régulières (une quarantaine) à la mandoline de 5 mm. Les passer sur le gril ou les colorer à l'huile d'olive dans une poêle antiadhésive, et assaisonner. Déposer sur un papier absorbant pour enlever l'excédent de graisse. Réserver au froid. Couper la seconde courgette en deux. Enlever la peau avec un peu de chair. Couper en petits dés réguliers et cuire à l'eau bouillante salée, rafraîchir et réserver au froid.

4. Couper la mozzarella en dés. Réserver au froid.

5. Tailler en fine julienne les feuilles de basilic.

6. Couper les olives en 4 lamelles autour du noyau et faire bouillir 3 à 4 fois pour enlever l'excédent de sel. Réserver au froid.

7. Réduire à moitié la bisque de homard. Laisser refroidir et ajouter le jus d'un citron, le vinaigre et 10 cl d'huile d'olive vierge.

8. Dans un saladier, mettre les tomates confites, les dés de courgettes, la mozzarella, le crabe émietté, le pistou, le basilic, la mayonnaise. Bien mélanger en vérifiant l'assaisonnement (sel, poivre, citron).

9. Sur chaque assiette (froide), disposer en cercle une dizaine de bandes de courgettes et au centre 1/4 du contenu du saladier. Mettre une pince et 4 rondelles de homard assaisonnées (sel, poivre, citron et huile d'olive) sur le mélange. Napper de sauce vinaigrette à la bisque de homard.

HOMARD À LA PRESSE ET SON COULIS DE CORAIL

Jacques Le Divellec
Relais Le Divellec
107, rue de l'Université,
75007 Paris

POUR 4 PERSONNES
- 2 homards de 900 g
- 4 c. à soupe d'huile d'olive
- 5 cl de cognac
- 1 l de vin blanc sec
- 6 tomates moyennes
- 1 c. à café de concentré de tomates
- 3 échalotes, ail
- 1 bouquet garni (thym, laurier, estragon)
- 50 g de beurre

FUMET DE POISSON :
- 1 bouquet garni (persil, thym, laurier, céleri)
- 2 kg de poisson (merlan, vive, congre, saint-pierre)
- 50 g de beurre
- 1 poireau, 2 carottes, 2 oignons
- 1 gousse d'ail
- 4 échalotes
- 0,25 l de vin blanc
- sel, poivre du moulin et cayenne

Les pâtes fraîches accompagnent très bien le homard.

1. Préparer le fumet : éplucher et émincer poireau, oignons, carottes, et écraser l'ail. Ajouter les poissons. Faire revenir dans 50 g de beurre. Mettre le vin blanc et le bouquet garni et recouvrir largement d'eau. Amener à ébullition, écumer et faire cuire 20 mn. Passer dans un chinois. Réserver.
2. Couper les homards. Séparer les pinces. Tronçonner la queue en 4 morceaux. Couper la tête en deux dans le sens de la longueur. À l'intérieur de la tête, enlever la poche de graviers. Mettre le corail dans un récipient à part. Réserver.
3. Dans une sauteuse, chauffer l'huile d'olive, y mettre les tronçons de homard, les pinces et la tête. Faire rissoler rapidement. Saler et poivrer. Quand la carapace devient rouge, flamber avec le cognac.
4. Retirer les morceaux. Mettre les échalotes et l'ail hachés. Ajouter le concentré de tomates et les tomates fraîches pelées et concassées. Faire suer. Déglacer avec le vin blanc et 0,5 l de fumet de poisson.
5. Remettre les morceaux de homard. Ajouter le bouquet garni et une pointe de cayenne. Porter à ébullition. Laisser cuire 5 mn à couvert.
6. Retirer les morceaux. Faire réduire la sauce à découvert et la passer au chinois. Pendant ce temps, mixer le corail avec 10 g de beurre. Réserver.
7. Disposer dans une sauteuse les morceaux de homard recouverts de la sauce et maintenir au chaud.
8. Placer une saucière devant la presse. Mettre les têtes dans le récipient perforé de la presse. Arroser avec la crème au corail et presser fortement en vissant de façon à extraire tout le suc contenu dans les coffres.
9. Retirer les morceaux de la sauteuse.
10. Faire chauffer la sauce dans la sauteuse et verser le jus coraillé en fouettant. Finir de lier en ajoutant le beurre par morceaux. Rectifier l'assaisonnement.
11. Remettre les morceaux de homard débarrassés de leur carapace dans la sauce. Ne pas faire bouillir.
12. Disposer dans chaque assiette homard et sauce. Servir rapidement, bien chaud.

LA LANGOUSTE

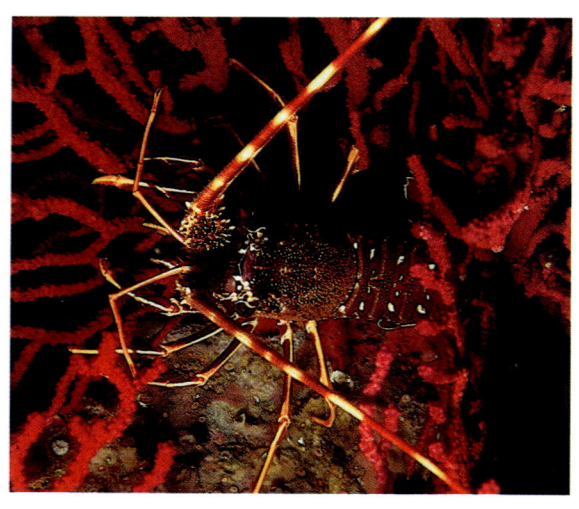

PORTRAIT

Grand crustacé marin, comme le homard, la langouste se différencie de celui-ci par les pattes : le homard a d'énormes pinces sur les pattes antérieures, alors que la langouste n'en a pas. Elle possède en revanche des antennes beaucoup plus développées.

Les zones de prédilection de la langouste sont les mers tropicales à température modérée. Elle affectionne les fonds rocheux, entre 50 et 100 mètres de profondeur, où elle trouve l'essentiel de sa nourriture (petits crustacés, moules et escargots… vivants ou morts). N'ayant pas les fortes pinces du homard, elle est dotée d'un système de défense sophistiqué : elle éloigne ses ennemis en faisant grincer les articulations de ses antennes. Elle possède également une sorte de lame de couteau qui lui sert à ouvrir les coquillages et à attraper sa nourriture.

La langouste se nourrit de préférence la nuit. Sa tactique favorite consiste à s'abriter dans une crevasse ou une anfractuosité de rocher en laissant dépasser ses longues antennes, qui fonctionnent comme de véritables radars, pour surveiller l'environnement immédiat. Une langouste peut vivre jusqu'à dix ans et atteindre de 4 à 7 kg.

REPRODUCTION

La langouste femelle, prolifique, pond une quantité d'œufs très variable en fonction de sa taille (de 13 000 à 135 000 œufs). L'incubation dure neuf à dix mois dans la Manche et l'Atlantique, et cinq mois en Méditerranée, les eaux chaudes accélérant le développement embryonnaire. L'éclosion des œufs a lieu en été. Les larves se nourrissent de plancton. L'immense majorité est malheureusement engloutie par des espèces prédatrices : pour 135 000 oeufs fécondés naissent environ 100 000 larves. Un an après, il ne restera qu'une vingtaine de petites langoustes, et dix ans plus tard deux seulement. La survie de l'espèce est donc à peine assurée.

LES MUES

Au moment de la mue, la langouste absorbe une grande quantité d'eau qui lui permet de gonfler ; la membrane séparant le thorax de l'abdomen se rompt. Au prix d'importants efforts, elle parvient à se dégager de la vieille carapace en quelques minutes. Comme chez tous les crustacés, la fréquence des mues diminue avec l'âge et paraît plus faible chez les mâles que chez les femelles (de deux à trois les quatre premières années pour le mâle).

LA PÊCHE

On pêche aujourd'hui moins de 400 tonnes de langoustes, contre 850 en 1963. En Bretagne, les campagnes durent en général trois à quatre mois pour les

LANGOUSTE DE MÉDITERRANÉE.

grands langoustiers, mais certaines peuvent commencer en juin pour ne s'achever qu'à la mi-décembre.

LES LIEUX

Les zones de pêche privilégiées sont l'Atlantique, la mer d'Iroise et plus particulièrement la chaussée de Sein. Les centres de pêche se situent surtout en Bretagne, de Paimpol à Saint-Nazaire, et en Vendée (île d'Yeu et Sables-d'Olonne). En Méditerranée, les eaux de la Corse sont les plus peuplées ; elles permettent à un petit nombre de pêcheurs de conserver une activité rentable. Il ne reste en France qu'une dizaine de langoustiers, aujourd'hui équipés de sondeurs à ultrasons et d'un matériel très sophistiqué, allant traquer ces précieux crustacés par 400 mètres de fond. Le reste de l'approvisionnement est occasionnel, mais représente un complément très appréciable pour les flottilles de bateaux caseyeurs et fileyeurs spécialisées dans la pêche de l'araignée, du homard ou du tourteau.

PÊCHE À LA LANGOUSTE DANS LE FINISTÈRE.

LES TECHNIQUES

La pêche se fait aux casiers et au chalut. Chaque navire dispose de 700 à 1 500 casiers. Il faut appâter les casiers, puis les assembler en filières par 100 ou 120, et les mouiller par 300 à 400 mètres de fond. Après la pêche, la conservation à bord se fait soit en vivier, soit en chambre froide.

LES « MAURITANIENS »

GRANDEUR...

Les Européens ont découvert la langouste grâce aux pêcheurs camarétois qui les premiers, en 1902, allèrent la traquer au large de l'île Vierge, de l'île d'Ouessant et des îles Scilly. Dès 1906, ils fréquentaient les côtes portugaises puis, en 1908, les côtes marocaines. Vers les années 50 enfin, ils mirent le cap sur le banc d'Arguin, entre le cap Blanc et Dakar, au large des côtes mauritaniennes. Les langoustiers de Camaret pêchant en Mauritanie furent désormais baptisés les « Mauritaniens ». Bateaux et voyages se multiplièrent rapidement. De douze « Mauritaniens » en 1956, on passa allègrement en 1961 à cinquante, basés essentiellement dans les ports de Camaret et de Douarnenez.

...ET DÉCADENCE

La pêche au chalut, trop intensive, réduisit malheureusement les réserves, et l'activité déclina, lentement mais sûrement. Malgré l'élargissement des campagnes au Honduras, au Brésil et au Costa Rica, Camaret ne retrouva jamais cette effervescence passée. Moins de cinquante ans après leur apparition, il ne reste aujourd'hui à Camaret que cinq « Mauritaniens » en exercice.

Dans les chambres froides, on ne conserve que la partie comestible, les queues, congelées à -20°C. Le vivier, où l'eau est régénérée de façon constante, permet de ramener les langoustes vivantes. Certains peuvent contenir jusqu'à cinq tonnes. Mais ce mode de transport demande de nombreuses précautions et les pertes durant le voyage restent importantes.

LA BRETAGNE, UN LIEU PRIVILÉGIÉ

Roscoff, à l'extrême pointe de la Bretagne, bénéficie d'un climat tempéré, d'une eau riche en plancton et en algues et adoucie par le Gulf Stream, qui lui ont permis d'implanter les plus grands viviers de pleine mer d'Europe. Plus de cent tonnes de crustacés sont ainsi conservées dans des bassins couverts ou à l'air libre.

LE PORT DE ROSCOFF (FINISTÈRE).

D'autre part, huit réserves de pêche représentant 8 000 hectares ont été créées le long des côtes. Dans cette zone protégée, la pêche est placée sous haute surveillance. Rationalisation, juste répartition et gestion équilibrée, tel est le pari engagé par les professionnels pour préserver ce crustacé des prédations anarchiques… et pour notre plus grand plaisir.

LES VARIÉTÉS

LA BRETONNE OU LANGOUSTE ROUGE
Ses signes distinctifs : deux rangs de taches blanches sous l'abdomen, et des anneaux rouges foncés sur les antennes. Sa robe pourpre violacée prend un ton rouge vif lorsqu'on la plonge dans l'eau bouillante.

LA LANGOUSTE ROSE DU PORTUGAL
Elle provient essentiellement de la côte atlantique du Portugal, du Sénégal et de Mauritanie.

LA LANGOUSTE BRUNE
Elle préfère les climats tropicaux, de la Caroline du Sud jusqu'au Mexique, les Bermudes, les Bahamas et Cuba.

LA LANGOUSTE DU PACIFIQUE
Cette langouste aux couleurs vives, dans les tons de vert et de bleu, est la moins répandue de toutes.

LANGOUSTE ROUGE.

LANGOUSTE BRUNE DE CUBA.

LES ATOUTS DES FRUITS DE MER

Tous les fruits de mer, bien que très différents de goût, ont en commun d'être riches en protéines, en sels minéraux et en vitamines, et pauvres en lipides (graisses). La chair très dense des crustacés et des mollusques se digère plus lentement que la viande, sans pour autant provoquer de lourdeurs d'estomac. Cette digestion lente permet de retarder l'impression de faim lorsqu'on veut surveiller son alimentation.

Teneur en protéines

De 10 à 15 % pour les coquillages et de 15 à 25 % pour les crustacés.
Ces protéines sont d'une excellente valeur organique, au moins aussi bonnes que celles de la viande.

Teneur en sels minéraux

En moyenne pour 100 g : 80 mg de magnésium, 150 à 200 mg de potassium, 50 à 90 mg de calcium, 50 à 200 mg de phosphore, 5 à 35 mg de fer, 20 à 50 mg de zinc, et bien sûr de l'iode, nécessaire au bon fonctionnement de la glande thyroïde.

Teneur en vitamines

Les fruits de mer contiennent de la vitamine B1 (antinévritique) et B2 (généralement contenues dans le pain et tous les féculents), de l'acide pantothénique ou vitamine B5 (bonne pour la croissance), de la B6 (recommandée aux femmes qui utilisent une pilule contraceptive), B12 (antianémique), C (antiscorbutique), et PP (excellente pour la peau et les cheveux).

Teneur en glucides

De 3 à 5 %. C'est beaucoup par rapport aux autres produits animaux, qui en sont généralement dépourvus.

Teneur en lipides

Environ 1 %. Ces rois des régimes minceur sont parmi les aliments les plus maigres. Mais attention, pour conserver cet avantage il faut évidemment éviter de les cuisiner avec du gras ou d'y ajouter des produits trop riches.

Attention

En plus de toutes ces substances bénéfiques, coquillages, mollusques et crustacés sont également riches en cholestérol et en sel, et sont donc à éviter en cas de maladie cardio-vasculaire.
Cholestérol : les coquillages contiennent en moyenne 150 mg de cholestérol. La quantité est identique chez les crustacés, mais elle se situe heureusement dans la tête, que l'on ne mange pas.
Sel : 100 g de chair de crustacé contiennent 200 à 300 mg de sodium, souvent plus dans les coquillages, auxquels il faut ajouter le sel contenu par l'eau de mer.

COMPOSER UN PLATEAU DE FRUITS DE MER

▶ **CONSEILS PRATIQUES**

LA FRAÎCHEUR
À l'achat, vérifiez la fraîcheur des coquillages : ils doivent se refermer quand on les touche et présenter une coquille entière. Éliminez les autres, ainsi que ceux dont l'odeur vous paraît suspecte.

ATTENTION AU POIDS !
Les tourteaux et les araignées, comme les homards, doivent être choisis bien lourds. C'est la garantie qu'ils ne se sont pas vidés après un trop long séjour en vivier ou sur un étal de poissonnier.

LA PLEINE SAISON
Du mois d'août au mois de mai pour les homards, les langoustes et les langoustines. D'avril à septembre pour les crabes, les crevettes et les écrevisses. De septembre à novembre pour les moules.

LE TREMPAGE
Que vous les ayez ramassés vous-mêmes ou achetés, les coquillages doivent être mis à tremper une heure ou deux dans de l'eau très salée. Ils rejetteront ainsi tout le sable qu'ils contiennent.

LES USTENSILES INDISPENSABLES
Prévoyez des casse-noix pour briser les pinces des tourteaux, et des piques pour retirer les bigorneaux de leurs coquilles. N'oubliez pas les rince-doigts…

L'ACCOMPAGNEMENT
Choisissez de préférence du pain de seigle et du beurre demi-sel.

▶ **LES HUÎTRES**
Vous pouvez les consommer crues ou cuites (pochées, grillées ou farcies). Le choix des saveurs est vaste et dépend des régions de production.

▶ **LES BIGORNEAUX ET LES BULOTS**
Les deux se préparent de la même façon.
• Plongez-les simplement dans de l'eau froide avec un peu de gros sel. Portez à ébullition et laissez cuire 7 minutes. On peut ajouter à l'eau du laurier, du persil et un filet de vinaigre.
• Dans un court-bouillon bien assaisonné avec un peu de vin blanc, du thym, du laurier, des clous de girofle, du poivre, un peu de poudre de piment et du gros sel. Laissez cuire 5 minutes.
Les bigorneaux et les bulots se dégustent froids ou tièdes, avec une vinaigrette ou une mayonnaise.

▶ **LES AUTRES COQUILLAGES**
• Les moules, les coques, les palourdes, les amandes et les praires peuvent se manger crues, avec un filet de citron ou en vinaigrette.
• Cuites quelques minutes à feu vif dans une cocotte, elles sont prêtes quand les coquilles commencent à s'ouvrir.
• Vous pouvez aussi les farcir soit avec un simple hachis d'ail et de persil, soit en y ajoutant du beurre et de l'échalote. Comptez entre 10 et 20 minutes, selon la taille des coquillages, dans un four préchauffé à 120°C.
• Attention, les coques contiennent beaucoup de sable : il faut les faire dégorger plusieurs fois. Cuites au naturel, elles se marient parfaitement avec des pâtes.

▶ **LES CRABES**
LES ÉTRILLES mesurent environ 6 cm. Leur goût est très fin. Dans de l'eau bouillante salée et poivrée, laissez-les cuire 5 à 8 minutes. La soupe d'étrilles est la recette qui leur convient le mieux, et c'est un complément idéal pour les soupes de poissons.
LES TOURTEAUX ont une taille très variable : entre 10 et 40 centimètres. Faites-les cuire dans un court-bouillon, ou plongez-les vivants dans une marmite d'eau salée. Portez à ébullition, et laissez cuire 20 minutes.
LES ARAIGNÉES ont une chair très délicate. Comme pour les tourteaux, celle des femelles est

plus goûteuse que celle des mâles. Vous pouvez les faire cuire 15 à 20 minutes dans de l'eau salée bouillante, dans un court-bouillon, ou farcies au four.

▶ Langoustines et galathées

Les langoustines, reines des plateaux de fruits de mer, voyagent plutôt mal. Achetez-les sur le lieu de pêche quand c'est possible. Jetez-les vivantes et lavées dans de l'eau bouillante bien salée et poivrée. Ajoutez du gros sel et un bouquet garni, retirez du feu dès la reprise de l'ébullition. À servir tiède ou froid, avec une beurrée, une vinaigrette ou une mayonnaise.

Les galathées ressemblent aux écrevisses, et leurs pinces sont aplaties comme celles des langoustines. À déguster grillées, ou pochées dans de l'eau salée en ébullition.

▶ Les crevettes

Elles sont grises (par exemple celles de la mer du Nord) ou roses (quand elles viennent de Bretagne). Les crevettes supportent aussi mal le transport que les langoustines. Fraîches, elles doivent avoir un aspect brillant et une chair ferme. Pour les faire cuire, jetez-les dans de l'eau bouillante, et laissez-les 3 minutes.

Une crevette fraîche se décortique sans problème : prenez-la à l'horizontale, en pinçant entre le pouce et l'index d'une main la tête, de l'autre, la queue. Exercez une légère pression pour rapprocher la tête et la queue. La carapace se rompt à la taille et peut se retirer d'un seul geste.

QUESTIONS ? RÉPONSES

Comment choisir un bon homard ?
● Choisissez de préférence un homard femelle, car sa chair est plus fine et plus délicate. Pour les reconnaître : le mâle a des pinces plus larges et une queue plus étroite. Veillez surtout à ce qu'il soit lourd. Le homard peut s'être vidé, soit sous l'effet d'un choc avant d'être pêché, soit parce qu'on l'a conservé trop longtemps en vivier, sans nourriture.

Peut-on le conserver vivant quelque temps ?
● Il est conseillé de l'acheter quelques heures seulement avant le repas, pour les mêmes raisons : il a tendance à se vider rapidement. Mettez-le dans le bas du réfrigérateur.

Utilise-t-on le corail ?
● Il faut recueillir le sang, le corail et les œufs, lorsqu'il y en a, qui entreront dans la préparation de la sauce d'accompagnement. À noter : le homard se coupe vivant.

Avec quel alcool peut-on le flamber ?
● Les spécialistes ont tous une préférence marquée pour le cognac.

Quel est le temps de cuisson idéal ?
● Pour les homards comme pour les langoustes, comptez 25 minutes par kilo, dans un court-bouillon bien assaisonné.

Un conseil pour la cuisson de la langouste ?
● Si vous voulez éviter qu'elle se recroqueville, attachez-la sur une planchette avant de la plonger dans l'eau, et fixez les antennes pour qu'elles restent dressées. Découpez-la ensuite à l'aide de ciseaux, séparez la chair de la queue et coupez en tranches régulières. La langouste est également délicieuse tout simplement grillée. Là encore, n'oubliez pas de réserver les œufs pour les intégrer à la sauce d'accompagnement.

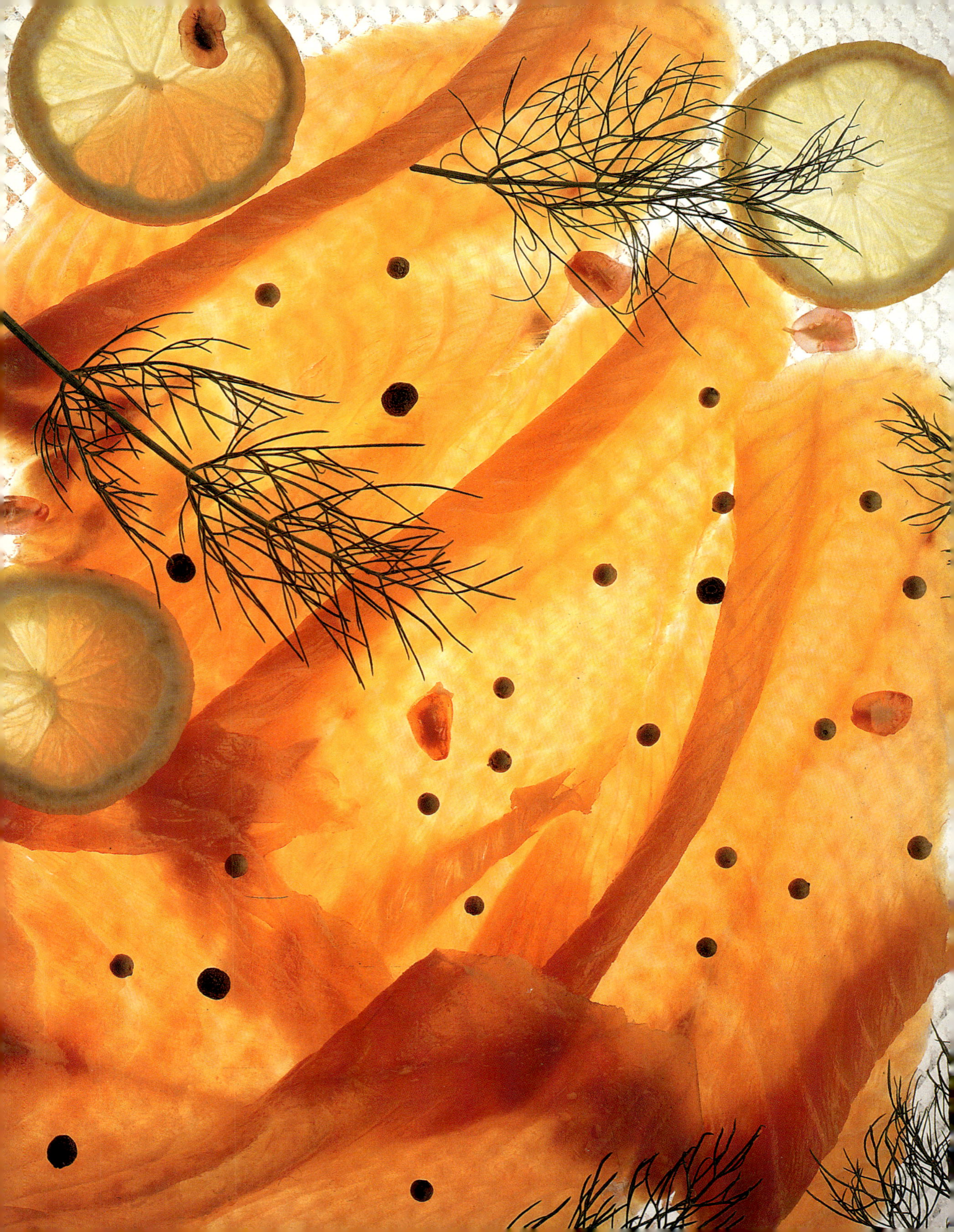

LA CUISINE EN FÊTE

LE SAUMON FUMÉ

IL Y A PEU DE TEMPS ENCORE, LE SAUMON SAUVAGE PEUPLAIT NOS COURS D'EAU. IL A PRATIQUEMENT DISPARU AUJOURD'HUI, VICTIME DES AMÉNAGEMENTS HUMAINS (BARRAGES OU POLLUTION), ET L'AQUACULTURE EST VENUE SUPPLÉER AUX BESOINS DU MARCHÉ. NOUS IMPORTONS MASSIVEMENT DES SAUMONS D'ÉLEVAGE DE NORVÈGE, D'ÉCOSSE, D'AMÉRIQUE DU NORD ET DU PACIFIQUE. UN AVANTAGE : L'ÉLEVAGE A CONSIDÉRABLEMENT RÉDUIT LES PRIX, ET PERMET UNE QUALITÉ CONSTANTE.

MIGRATION ET REPRODUCTION

À l'état sauvage, les saumons naissent en eau douce, dans les rivières côtières ou les lacs. Selon les espèces, ils gagnent la mer à l'état de frai (jeunes poissons) ou attendent un à deux ans. Une fois dans l'eau salée, certains saumons restent près des côtes, d'autres effectuent de très longs voyages.

Tous reviennent ensuite dans leur bassin fluvial d'origine pour se reproduire. Au sortir de l'océan, les saumons sont au meilleur de leur forme, mais dès qu'ils rejoignent l'eau douce, ils ne se nourrissent plus et vivent sur leurs réserves. À la fin du voyage, leurs réserves de graisse sont donc quasiment épuisées, leur couleur argentée a disparu et leur mâchoire supérieure s'est développée, prenant la forme d'un crochet. Ce long périple est d'autant plus délicat qu'hommes et prédateurs, tels les grands oiseaux de proie ou les ours, guettent les migrants.

SAUMON DU PACIFIQUE DANS UNE CASCADE.

Chaque femelle, quand elle atteint sa rivière d'origine, creuse un nid à l'aide de son museau et de sa queue. Elle y dépose plusieurs milliers d'œufs. Le mâle qui la protégeait durant le voyage fertilise les œufs et les recouvre de graviers. Les saumons du Pacifique meurent après avoir accompli leur reproduction, tandis que ceux de l'Atlantique peuvent se reproduire plusieurs fois.

Le temps nécessaire à l'éclosion des œufs varie en fonction de la température de l'eau. Le développement commence par les yeux puis, progressivement, la colonne vertébrale se forme. L'œuf devient alors alevin, puis frai lorsqu'il commence à se nourrir de petits crustacés ou d'autres formes de vie aquatique. Seules deux espèces, le Silver et le King, deviennent ensuite des mangeurs de poissons...

Le saumon est prolifique, mais les aléas de la nature (assèchements ou crues) détruisent une bonne partie des œufs avant même qu'ils soient devenus alevins. Comme les migrants, les jeunes saumons sont de plus victimes de prédateurs sur le chemin qui les conduit à la mer et, quand ils arrivent à l'océan, ils font le régal des poissons ichtyophages.

La pêche

La pêche du saumon sauvage est soumise à une réglementation stricte. La pêche commerciale n'est autorisée qu'en mer, la pêche en rivière, étant réservée aux pêcheurs à la ligne amateurs. Pendant les périodes de migration, elle est totalement interdite deux à trois jours par semaine pour permettre aux poissons de rejoindre leur lieu de reproduction. C'est toutefois à ce moment, en été et en automne, que les prises sont les plus importantes.

UN CENTRE D'AQUACULTURE EN NORVÈGE.

LA PÊCHE EN RIVIÈRE, AU NORD DE L'ÉCOSSE.

Trois méthodes de pêche en mer sont utilisées

- **Le gillnet**

Le gillnet est un long filet, pouvant atteindre 500 mètres. Fixé à l'arrière d'un bateau, aux abords de l'embouchure d'un fleuve, il est tendu verticalement. Les saumons, irrésistiblement attirés par l'eau douce, s'y précipitent.

- **La senne**

Le filet est déployé dans l'eau. Dès qu'un banc de saumons est repéré, on rejoint les extrémités pour former une poche, où ils restent prisonniers.

- **Le troll**

Cette pêche à la ligne se pratique en flottille. Les bateaux, équipés chacun de six à huit lignes, encerclent un banc de poissons. On utilise généralement comme appât des morceaux de hareng congelé. Un autre bateau, qui tourne autour de la flottille, recueille au fur et à mesure les saumons pris, qui sont immédiatement vidés, étêtés, lavés puis congelés à bord.

L'aquaculture

L'élevage se fait en deux grandes étapes, calquées sur le cycle du saumon sauvage.

L'élevage en eau douce

Il commence à la ponte, qui a lieu en automne. Les œufs éclosent au printemps suivant pour donner naissance à des alevins qui sont élevés en bassins jusqu'à dix-sept mois environ.

Le saumon et la mer

Certains saumons séjournent en mer pendant un an puis reviennent vers les rivières à la Sainte-Madeleine, en juillet. Ce sont les « madeleinaux » pour les pêcheurs. D'autres, les saumons « de printemps », apparaissent en rivière au bout de deux ans. Les grands saumons « d'hiver » ne quittent les eaux salées qu'au bout de trois ans.

L'ÉLEVAGE EN EAU DE MER

Les jeunes saumons sont ensuite placés en eau de mer dans des cages flottantes situées dans des zones protégées (fjords, estuaires ou baies). C'est là qu'ils grossissent, avant d'être commercialisés.

L'emplacement de la ferme d'élevage influe sur la qualité du produit fini. Mais d'autres facteurs sont tout aussi importants, en particulier les sélections génétiques permettant d'obtenir des poissons qui grandissent plus rapidement et résistent mieux aux maladies.

LA PRÉPARATION

La guerre des prix menée par les centrales d'achat contraint les fabricants à produire à des coûts extrêmement bas. Tous recherchent le meilleur prix d'achat possible pour les matières premières et tentent d'améliorer la chaîne de fabrication,

LE CADRE SOMPTUEUX D'UN SITE D'ÉLEVAGE EN NORVÈGE.

LE SALAGE.

qui est de plus en plus automatisée, pour augmenter encore les rendements.

Les poissons sont généralement vidés immédiatement après la pêche, puis expédiés, frais ou congelés. Ils sont ensuite étêtés, séparés en deux bandes (ou filets) et désarêtés. Les arêtes qui restent seront retirées délicatement, à la pince.

SÉCHAGE EN PLEIN AIR (SIBÉRIE).

UN TACON (JEUNE SAUMON).

Vient alors le salage, autrefois destiné à la conservation, qui aujourd'hui sert principalement à améliorer le goût. Il se fait en chambre froide, la durée et la quantité de sel étant fonction de la taille des filets.

Les filets sont ensuite dessalés à l'eau, puis examinés un à un. On recouvre d'une peau de baudruche (fine membrane de l'intestin du bœuf) ceux dont les chairs sont distendues, pour qu'elles ne se détachent pas pendant le fumage.

UN ENGRAIS NATUREL

Les pionniers britanniques qui émigrèrent vers le Nouveau Monde trouvèrent une telle abondance de saumons qu'ils les employèrent en partie comme engrais, selon une coutume indienne. Ils en expédièrent aussi vers leur patrie d'origine, après les avoir fumés pour qu'ils supportent le voyage.

LE FUMAGE

Comme le salage, le fumage, qui déshydrate les aliments et les rend bactériostatiques, n'était autrefois qu'un procédé de conservation. Aujourd'hui, il sert également à améliorer le produit sur plusieurs plans. Un bon fumage garantit les qualités organoleptiques, chimiques et bactériologiques du poisson, et son apport aromatique est très apprécié des consommateurs. Les produits peu fumés sont moins stables, et leur goût de fumé s'estompe avec le temps.

Légèrement salé et séché, le poisson est soumis à des fumées provenant de la combustion de bois ou de sciure de bois. Pendant cette phase, le poisson se déshydrate et s'imprègne des composés volatiles de la fumée. Le filet étant encore humide au début, la phase gazeuse de la fumée est absorbée par l'eau et les lipides de la chair. Au fur et à mesure de la déshydratation, cette absorption diminue et fait place à un dépôt de surface.

En fin de fumage, une maturation de plusieurs jours permet enfin aux constituants de la fumée de pénétrer le filet. Les arômes, comme la couleur du saumon fumé, varieront en fonction du type de bois utilisé. Cette étape de maturation, souvent négligée par les fabricants, est pourtant capitale dans la qualité du produit. La densité des fumées, le taux d'hygrométrie (de l'ordre de 60 %), la température – généralement régie par des microprocesseurs – doivent faire l'objet de toutes les attentions. Les facteurs indésirables tels que les benzopyrènes (cancérigènes) sont éliminés par filtration des fumées et par la pyrolyse des copeaux de bois à basse température.

Il ne reste plus qu'à éliminer les croûtages que le fumage a pu occasionner, et le saumon est prêt pour la dernière étape : le tranchage.

Le tranchage

Manuel
Plus long et donc plus coûteux, il permet de trancher le saumon immédiatement après la phase de maturation.

Sur machine
Le poisson est souvent durci au préalable, par une surgélation rapide, afin d'éviter qu'il ne s'écrase ou ne se déforme pendant le tranchage. Si cette méthode, plus rapide et plus rentable, donne des tranches plus esthétiques, le tranchage à la machine est cependant préjudiciable à la qualité du saumon. Il est de plus souvent pratiqué immédiatement après le fumage, sans période de maturation.

Un banc de saumons rouges (pacifique).

Le tranchage manuel.

LE SAUMON

QUESTIONS ? RÉPONSES

Comment reconnaître un bon saumon ?

● Acheté à la coupe, le saumon doit être brillant, lisse, sans déchirure et sans tache. La couleur doit être uniforme. Certaines boutiques spécialisées ou de grands restaurants reçoivent des saumons frais, qui sont fumés et affinés sur place. C'est un plaisir rare, à ne pas manquer si vous en avez l'occasion.

Et le saumon emballé ?

● Pour les saumons emballés (sous vide, poches plastique...), soyez attentif au prix du kilo car les présentations sont multiples, depuis la plaque de deux tranches à la bande entière (demi-saumon) pré-tranchée. Les bandes entières présentent un inconvénient : le côté tête n'est pas présentable, le côté queue est beaucoup plus salé. De plus, la peau a été détachée puis replacée sous la bande : elle est donc comptée dans le poids, et dans le prix...

Peut-on congeler le saumon fumé ?

● C'est fortement déconseillé. Lorsqu'une étiquette porte la mention « ne pas congeler » (généralement inscrite en petits caractères), cela signifie que le poisson a déjà fait l'objet d'une congélation. La plupart des saumons sauvages vendus sous emballage sont congelés pour faciliter le tranchage, puis de nouveau congelés pour être stockés jusqu'à la période des plus fortes ventes, en fin d'année... Certains fabricants précisent sur l'emballage les dates de pêche, de fumage et d'emballage. Ces indications permettent de vérifier s'il y a eu ou non une période de congélation pour stockage et si le cycle respecte bien les règles d'usage. Mais aucune législation ne contraint les fabricants à les mentionner.

À quelle température se conserve le saumon ?

● La température de stockage en magasin doit être de 4°C et la conservation de 3 semaines. Préférez donc la date limite la plus lointaine possible, mais en dessous de 21 jours. Dans les points de vente, vérifiez la température des vitrines réfrigérées – qui doit être visible –, car elles sont parfois au-dessus de la norme.

Et après l'ouverture ?

● Lorsque l'emballage a été ouvert, le poisson non consommé doit être retiré du plastique et mis sous papier aluminium. Il ne se conserve pas plus de deux à trois jours.

Un dernier conseil de dégustation

● Si vous achetez un saumon emballé sous vide, pensez à ouvrir le paquet une heure avant le repas pour éliminer l'odeur forte de fumé qui s'est concentrée dans l'emballage. Vous profiterez ainsi pleinement de toutes ses saveurs.

LA COULEUR

La couleur du saumon varie en fonction de sa nourriture. Lorsqu'il mange des petits crustacés, sa chair est très rose, lorsqu'il mange du frai, il est plus blanc – c'est notamment le cas du saumon danois. Les grands saumons sont généralement plus rouges que les petits. Après le fumage, la couleur change encore, en fonction des bois, sciures ou copeaux utilisés pour cette opération.

LES ESPÈCES DE SAUMONS

La dénomination a relativement peu d'importance, car les saumons commercialisés sont aujourd'hui pratiquement tous des poissons d'élevage. Préférez quand même ceux qui précisent l'espèce du saumon, chacune ayant des qualités spécifiques.

Le saumon français

C'est le privilège de quelques pêcheurs : il est rare (on en trouve dans l'Adour ou la Loire) et ne se trouve que chez les restaurateurs.

Le saumon de l'Atlantique («Salmo salar»)

Gras et moelleux, il est considéré comme le meilleur. Le saumon de l'Atlantique est pêché le long des côtes est du Canada et du Groenland, en Islande, en Norvège et en Écosse. Il est capturé à la ligne ou au filet. C'est également celui que l'on emploie pour l'aquaculture en Écosse et en Norvège.

Saumon de l'Atlantique.

Les saumons du Pacifique

Le King ou Royal : rouge ou rosé. Très recherché pour le saumon fumé.

Le Silver ou Coho : rouge. Le plus populaire en Europe.

Le Keta ou Chum ou Silverbright (à ne pas confondre avec le Silver) : blanc ou jaune assez pâle. Principalement destiné à la conserverie.

Le Sockeye ou rouge : très rouge. Principalement destiné à la conserverie.

Le Pink ou rose : qui pâlit à la cuisson, est souvent présenté à tort comme un saumon de qualité. Principalement destiné à la conserverie.

Le Keta ou Chum.  — *Le Sockeye ou rouge.*  — *Le saumon rose.*

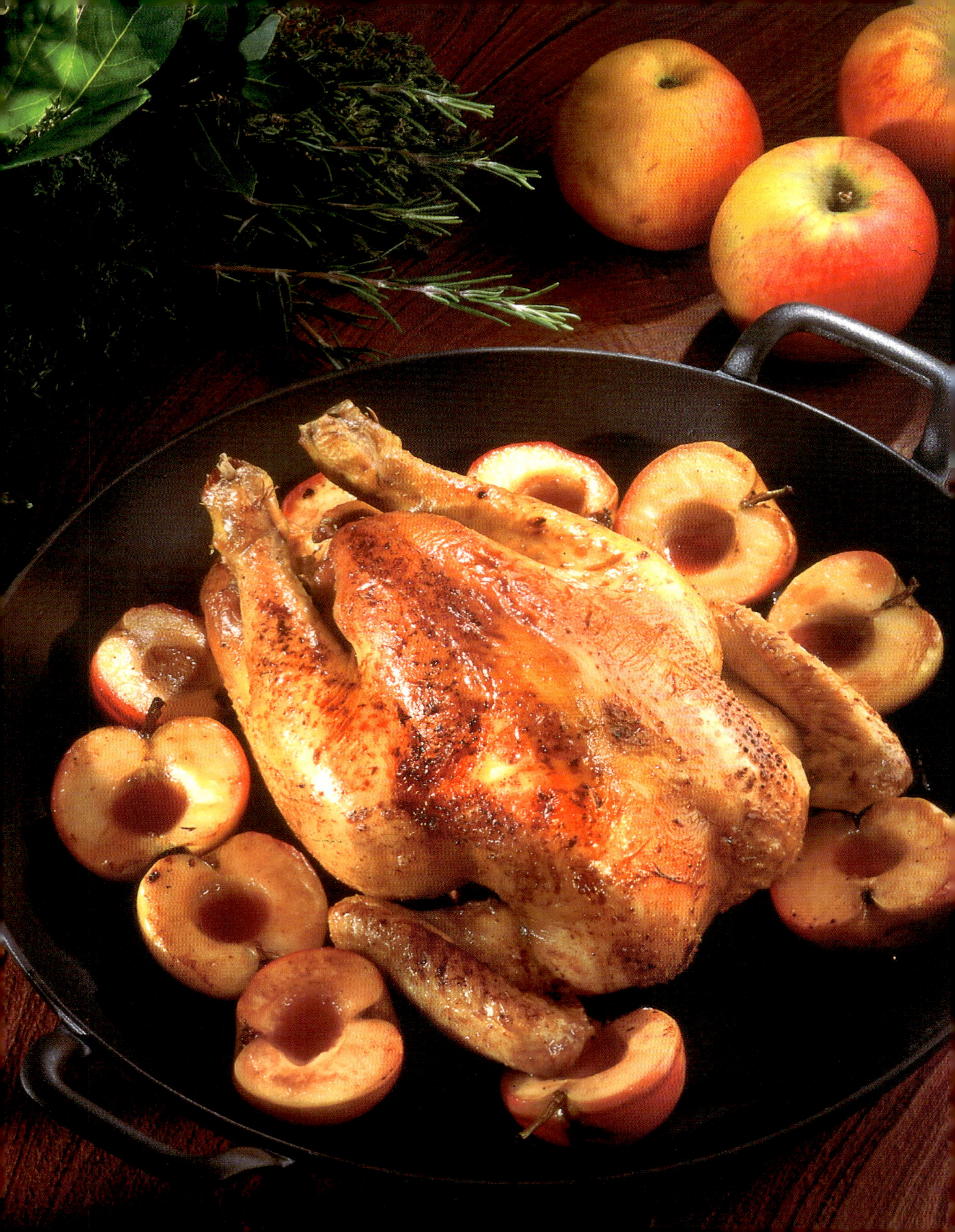

L A   C U I S I N E   E N   F Ê T E

LES VOLAILLES

Qui ne se souvient d'un repas de Noël ou de Nouvel An où trônaient les formes dodues d'une volaille à la peau dorée et croustillante à souhait ? Dans sa « Physiologie du goût », Brillat-Savarin évoquait en 1826 les saveurs particulières du chapon, mets qui fut longtemps le privilège des rois et des grands seigneurs avant d'orner nos tables de fête. Chapon, oie ou pintade, les modes culinaires changent et les préférences sont partagées, mais la volaille reste un élément essentiel des festins traditionnels.

LE CHAPON

L'ORIGINE

Le chaponnage ou castration des coqs était reconnu dès l'Antiquité comme la meilleure façon d'engraisser la volaille et de lui donner cette chair si subtilement parfumée. Cette tradition s'est perpétuée tout au long de l'histoire de la gastronomie française. On trouve la trace du chapon dans l'un des plus anciens livres de la Bible, le Pentateuque, et certains historiens situent son apparition à Rome, sous le consul Caïus Fanus. Au cours des siècles, de nombreux ouvrages ont traité des modes de castration. Mais ce n'est qu'au XIXe siècle qu'Henri Bouley, président de l'Académie des sciences de Paris, instaura de véritables règles.

Le chapon, festif par excellence grâce à sa chair inimitable, soyeuse et veloutée, est la volaille vedette de ces dernières années. La Bresse, les Landes, le Gers, la Gascogne, les élevages de Challans et de Loué en produisent d'excellents.

COQ ET CHAPON DE BRESSE FACE À FACE.

VOIR LES LABELS, PAGE 156.

LE CHAPONNAGE

Le chaponnage se pratique à la fin de l'été, sur des mâles de deux à trois mois. Ils sont d'abord écrêtés, puis la zone de l'abdomen est plumée et, après incision des deux côtés, les testicules sont retirés. Les chapons sont mis à jeun vingt-quatre heures avant l'opération. Ils font ensuite l'objet d'une surveillance particulière, tout comme les humains après une intervention chirurgicale, car cette opération est très délicate : si elle est mal faite, le coq reprend le dessus.

Comme tous les volatiles, le chapon est un grand émotif. Les gros orages, les chaleurs, les bruits forts ou anormaux peuvent traumatiser ces volailles et causer des pertes importantes dans un élevage. Paradoxalement, le chapon a des instincts protecteurs supérieurs à ceux de la poule : il couve les œufs abandonnés et guide les premiers pas des poussins comme une véritable mère.

71

Le chapon de Bresse

La garantie d'une AOC

Région traditionnelle d'élevage de la volaille, la Bresse a su acquérir une solide réputation pour la qualité exceptionnelle de ses chapons. La mise en place d'une AOC, contrôlée par un centre de sélection, a permis de maîtriser parfaitement la production. Des critères rigoureux doivent être respectés pour obtenir ce label : harmonie de croissance, finesse du squelette, rusticité, bonne implantation des plumes... Les groupements d'éleveurs respectent scrupuleusement ces cahiers des charges. Après avoir été plumé, le chapon reçoit une étiquette, le scellé tricolore de l'expéditeur (celui qui plume) et la bague d'aluminium portant le nom du producteur. Ces éléments, qui permettent de remonter à la source du produit, donc à l'éleveur, relèvent d'ailleurs du principe même de l'AOC. Seules les volailles qui portent ces signes peuvent être vendues sous l'appellation Bresse. Le coq bressan, futur chapon, a un plumage entièrement blanc, des pattes bleues et une belle crête rouge.

Le chapon de Bresse se distingue par un plumage blanc.

L'élevage

• **La nourriture :** L'élevage du chapon nécessite une surveillance de tous les instants. Les six premiers mois, il est élevé en toute liberté dans un espace d'au moins 10 m^2 par animal. À un mois, on distingue le développement de la crête, qui sera ensuite coupée pour bien marquer sa différence. Châtré à la fin de l'été, il sera fin prêt pour les fêtes de Noël. Ces six mois de liberté lui permettent de développer muscles et volume pour atteindre 3 à 4 kg à l'âge adulte. On le gave au maïs mélangé de fromage blanc caillé. Il passe son dernier mois dans une épinette à claire-voie. Il est alors nourri de farine de blé, de maïs et de lait (certains éleveurs utilisent un mélange de moindre qualité, composé de maïs blanc, de sarrasin et de lait entier). Il n'est pas rare de trouver en Bresse des fermiers qui possèdent trois ou quatre vaches destinées uniquement à fournir le lait nécessaire à l'élevage des chapons. C'est ce lait qui donnera à la chair toute sa tendresse, son onctuosité et son moelleux. Les ferments lactiques naturels permettent également d'éviter toute maladie durant la période de post-sevrage. Les élevages plus industrialisés utilisent du lait en poudre, mais de bonne qualité, afin d'obtenir le même résultat.

• **Le roulage et l'emmaillotage :** Après l'abattage, à 32 semaines, on procède au roulage, qui consiste à laisser tremper le chapon environ 20 minutes dans du lait frais encore tiède, parfois remplacé par du lait en poudre ou de l'eau pure. Puis le chapon est emmailloté, car sa peau très délicate est sujette à des déchirures qui déprécieraient l'animal. Il est enroulé dans une toile de lin très fine et cousu en force, ce qui explique qu'il perde un peu de sa forme, ailes et pattes étant fortement comprimées. Le roulage contribue largement à la qualité gustative du chapon : il permet la pénétration des graisses épidermiques dans la masse musculaire. Cette technique est utilisée exclusivement pour les chapons de Bresse.

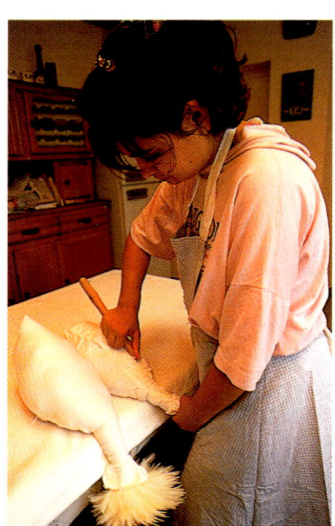

Le roulage, exclusivité du chapon de Bresse.

LA CUISINE EN FÊTE

LE CHAPON DES LANDES

La région des Landes a l'exclusivité de la fameuse variété des « cous pelés » ou « cous nus ». Comme les chapons bressans, les chapons des Landes sont mis en vente avec tête et pattes à la façon des volailles Label Rouge (ces deux éléments permettant une identification facile). Élevés en liberté dans les forêts landaises, ces chapons sont les plus traditionnels, tant par le soin apporté à leur élevage que par leur goût, semblable à celui des véritables volailles fermières d'antan. Des cahiers des charges existent chez tous les éleveurs concernés.

Les chapons des Landes : élevés en plein air dans la plus pure tradition.

LES CHAPONS À LA RESCOUSSE

On raconte dans le Lauragais une anecdote savoureuse. Au Moyen Age, les habitants du village fortifié de Saint-Julia, assiégés et manquant d'hommes, auraient découragé l'ennemi grâce à une ruse inattendue : des croupes de chapons, placées derrière les meurtrières, figuraient les visages d'une armée imaginaire. À l'époque, les paysans acquittaient leurs droits aux propriétaires terriens en monnaie sonnante et trébuchante... et en chapons gras. Les paysans de Saint-Julia, décidément pleins de ressources, eurent l'idée d'organiser le marché de Noël de nuit, afin que les seigneurs aient plus de difficulté à faire un compte exact des volailles. Cette tradition nocturne est toujours en vigueur aujourd'hui.

LES VOLAILLES

L'OIE À RÔTIR

L'ORIGINE

L'histoire de ce palmipède remonte à 2 000 ans avant notre ère. Égyptiens, Grecs et Romains en faisaient leur régal, comme des canards et des grues. Les oies à rôtir sont issues de plusieurs souches : l'oie de Toulouse grise, l'oie normande issue des oies communes, l'oie blanche du Poitou, excellente pour sa chair et son duvet, et l'oie blanche du Bourbonnais, également utilisée pour l'engraissement. Toutes ont pour ancêtre commun l'oie cendrée.

L'oie de Guinée fait exception à la règle : elle posséderait des ascendances africaines ou bien asiatiques. Apparue en Europe vers le XVIIIe siècle, elle a porté de nombreux noms (chinoise, du Japon, de Sibérie, oie-cygne...). Elle porte, sur une tête fine et allongée, des signes distinctifs très marqués : une caroncule presque noire délimitée par un liseré blanc, et un long trait noir sur le dessus du cou. Elle est très appréciée des gourmets.

L'oie du Rhin l'a pourtant détrônée dans le palmarès des ventes, tenant la vedette depuis vingt-cinq ans. Ce succès s'explique essentiellement par des raisons économiques : cette oie étant plus lourde et plus prolifique, les producteurs y trouvent plus d'intérêt et privilégient sa production. Cette souche a été développée dès 1939-1940 en Allemagne. Les jars sont obligatoirement blancs pour assurer une dominante de plumage blanche. De taille et de poids moyens, l'oie du Rhin est dotée d'une poitrine large et profonde. Elle offre de nombreux avantages : elle atteint 3 kg en huit semaines, peut se reproduire longtemps, assimile bien la nourriture et, particulièrement prolifique, produit au moins quarante œufs par an. Elle fut introduite en France en 1950 par les chercheurs de l'I.N.R.A. de la station d'Artiguères, à Benquet, dans les Landes. Sa propagation a été très rapide.

De nouvelles souches voient actuellement le jour. Après avoir été supplantée pendant quelque temps par la dinde,

ÉLEVAGE D'OIES À LA FERME.

LES OIES SAUVAGES

Les oies commercialisées aujourd'hui sont bien sûr des animaux d'élevage, mais le mystère des migrations des oies sauvages n'a toujours pas été véritablement expliqué. Leur connaissance des aléas du temps et des changements de saisons, leur sens de l'orientation et la constance de leurs routes subjuguent toujours les hommes. Comme le spectacle merveilleux de leur vol en V : une meneuse imprime le rythme et, dès qu'elle est fatiguée, retourne se placer en queue du vol, exactement comme on peut le voir le dimanche dans les pelotons de cyclistes...

LA CUISINE EN FÊTE

ÉLEVAGE D'OIES DANS LE LOT.

la traditionnelle oie rôtie de Noël voit son succès se réaffirmer depuis quelques années, les consommateurs se laissant séduire par l'attrait des coutumes et des plaisirs d'autrefois.

LA PRODUCTION

La production française est assurée pour plus de 50 % par les Pays de la Loire. Les oies ne pondent qu'une fois par an, de fin avril à mi-juin. Les oisons grandissent à l'abri, en semi-liberté, jusqu'à ce qu'ils aient des plumes (quatre mois environ). Par la suite, les oies vivent en liberté complète dans des parcours herbeux. Elles adorent l'herbe, mais font aussi leur régal des limaçons et des vers qui apparaissent après les pluies. Maïs et blé complètent leur nourriture. Elles perdent naturellement leur duvet en septembre ; un duvet que l'on utilise encore pour en faire de douillets édredons, des vêtements de ski ou des tenues professionnelles de grand

L'OIE DE GUINÉE.

froid. L'abattage se fait à 140 jours environ. Certaines productions bénéficient du label rouge, gage de grande qualité.

75

LES VOLAILLES

LA PINTADE

L'ORIGINE

La pintade semble être apparue en Afrique. Selon la légende, elle aurait été introduite dans la vallée du Rhône par Hannibal. Au cours de la célèbre campagne où figurait un troupeau d'éléphants, le général carthaginois aurait fait étape à Crest, dans la Drôme, avant de passer les Alpes. Des pintades se seraient alors échappées du convoi. Pline l'Ancien évoquait déjà cet oiseau dans ses écrits, et on en trouve également la trace sur certaines fresques de Pompéi. Les Romains étaient très friands de cette « poule de Numidie ». Très rapidement, ils pratiquèrent son élevage en basse-cour.

Puis nous perdons sa trace jusqu'au Moyen Age, où elle réapparaît sous le nom de « poule d'Inde ». Tous les produits qui arrivent de pays lointains à cette époque se voient attribuer le qualificatif « des Indes ». Les Vénitiens au service du Portugal la ramenèrent d'Afrique occidentale et la baptisèrent « poule du Pharaon ». Lors de sa réimplantation au Portugal, en Espagne et à Marseille, elle prit le nom de « pintada », qui signifie en portugais peinte ou fardée. La pintade, délaissée par les consommateurs, mériterait bien d'être redécouverte car sa qualité reste exceptionnelle. Les gastronomes raffolent de la finesse de son goût, de la fermeté et du parfum délicat de sa chair, très digeste, qui s'apparente à une viande de gibier.

La pintade, une chair parfumée et délicate.

LA PRODUCTION

La France est aujourd'hui le premier producteur mondial, le premier exportateur et le premier consommateur de pintades. Les éleveurs sont regroupés en un comité interprofessionnel. La production se fait essentiellement en Pays de Loire, en Aquitaine, en Bretagne, dans le Rhône, les Alpes et le Centre.

On assiste depuis quelques années à une très forte augmentation des productions sous label. La pintade fermière, élevée en basse-cour, représente environ 10 % de la production nationale. L'élevage traditionnel se fait dans des volières (le caractère très indépendant et vagabond de ce gallinacé imposant un minimum de discipline), où les animaux doivent disposer de grands espaces et de litières paillées parfaitement propres. Les poussins sont nourris trois fois par jour, de maïs, de blé, d'orge et d'avoine.

LA LÉGENDE

Une jolie légende attribue le plumage de la pintade à Artémis, déesse de la chasse. Après la mort du Roi Méléagre, Artémis aurait transformé ses sœurs en oiseaux pour alléger leur peine. Mais les larmes continuèrent de couler, laissant des traces blanches indélébiles sur leur plumage gris. À l'époque d'Aristote, la pintade portait d'ailleurs le nom de Numida Meleagris Galeata.

LA PINTADE GRISE.

L'élevage dure douze semaines pour une pintade « standard », élevée en bâtiment, et de treize à quatorze pour une pintade sous label. Comme toutes les volailles, les pintades sont très sensibles aux grosses variations de température. Elles sont aussi très craintives : au moindre bruit anormal, effrayées, elles se cachent. Il peut même arriver que, complètement paniquées, elles s'étouffent dans une mêlée.

MÉMENTO PRATIQUE

▶ LA PINTADE EST LA VIANDE BLANCHE LA PLUS MAIGRE

Elle ne contient que 5 % de matières grasses. Elle est de plus riche en protéines, en fer et en vitamines. La grande nouveauté de ces dernières années, la pintade chaponnée, n'est proposée que pour les fêtes de fin d'année. Comme on le fait pour le chapon, on ajoute du lait à son alimentation cinq semaines avant l'abattage, ce qui lui donne une saveur particulière.

▶ ATTENTION, IL FAUT BIEN DISTINGUER PINTADE ET PINTADEAU.

Le pintadeau est une pintade, élevée uniquement dans la Drôme, selon des méthodes définies par une AOC depuis 1969. Le taux d'ensoleillement très élevé favorise la pigmentation foncée de la chair et des pattes, caractéristique du pintadeau. Plus de cent vingt éleveurs pratiquent cet élevage.

▶ UN VIN ROUGE ASSEZ CORSÉ ACCOMPAGNE PARFAITEMENT LES VOLAILLES.

▶ LES POIDS MOYENS VARIENT SENSIBLEMENT D'UNE ESPÈCE À L'AUTRE.

CHAPON : *de 3 à 4 kg*
OIE PRÊTE À CUIRE : *de 2,5 à 3,5 kg*
PINTADE STANDARD : *1,5 kg*
PINTADE LABEL : *1,6 à 1,7 kg*
PINTADE CHAPONNÉE : *2,6 kg.*

LES VOLAILLES

VOLAILLE FUMÉE AUX ENDIVES

Jean-Pierre Lallement et son fils
Château de la Muire
40, avenue Paul-Vaillant-Couturier
51430 Tinqueux

POUR 4 PERSONNES

- 4 blancs de volaille
- 3 c. à soupe de fromage blanc
- 200 g de champignons de Paris
- 4 tranches de foie gras cru de canard (200 g en tout)
- 1 kg d'endives
- 1/2 l de jus d'orange
- 1 c. à soupe de vinaigre de champagne
- 1 jus de citron
- sel, poivre et ciboulette
- sucre en poudre
- 100 g de beurre
- 5 cl de fond de volaille
- 5 cl de fond blanc

1 Hacher grossièrement les champignons de Paris et les faire revenir au beurre à la poêle. Mélanger au fromage blanc. Assaisonner cette farce de sel, de poivre et de ciboulette ciselée. Inciser les blancs de volaille en portefeuille. Garnir chacun d'1/4 de la farce. Poêler les tranches
2 de foie et en ajouter une sur chaque lit de farce. Refermer et ficeler. Passer au fumoir et faire rôtir au four pendant 10 mn. (Pour remplacer le fumoir, mettre de la sciure de bois dans une cocotte en fonte, chauffer, et poser dessus les blancs de volaille disposés sur une grille lorsque la fumée commence à se dégager. Laisser 4 à 5 mn).
3 Faire revenir les endives au beurre. Assaisonner de sel, poivre et sucre. Déglacer avec le fond de volaille. Laisser cuire à couvert à petits bouillons 30 mn.
4 Pour la sauce, faire réduire le jus d'orange avec le vinaigre de champagne et un jus de citron. Après réduction, ajouter le fond blanc puis monter au beurre.

Volailles et gibiers.

CROQUETTES DE VOLAILLES

Henriette Parienté
extrait de
« Histoire de la cuisine française »
Éditions de La Martinière

POUR 4 PERSONNES
- *800 g de restes de poulet rôti ou bouilli (ou un mélange de restes de jambon, rôti de veau ou gigot d'agneau*
- *50 g de beurre*
- *sel, poivre et noix de muscade*
- *farine*
- *1/4 de litre de lait froid*
- *1 œuf*
- *chapelure*

1. Passer la chair du poulet au moulin à viande ou dans un mixer. On peut aussi y ajouter des restes de jambon, de rôti de veau ou de gigot d'agneau. Bien mélanger le tout.
2. Prendre une grande poêle, la mettre sur le feu avec 40 à 50 g de matière grasse. Y mettre la viande hachée ainsi que du sel, du poivre et de la noix de muscade.
3. Quand le tout est bien chaud, incorporer 2 cuillères à soupe de farine. Tout en tournant avec une cuillère en bois, verser 1/4 de litre de lait froid et laisser épaissir tout en remuant.
4. Lorsque la consistance est celle d'une pâte épaisse, laisser refroidir le tout sur le plan de travail en forme d'un grand rectangle épais de 2 cm environ (du matin au soir par exemple).
5. Former avec la pâte des sortes de quenelles. Les rouler dans la farine, puis dans un œuf entier battu en omelette et enfin dans de la chapelure de pain.
6. Dans une poêle moyenne, mettre de l'huile de friture. Quand elle est chaude, faire frire les petites croquettes.

Servir chaud avec une salade verte.

Un troupeau d'oies dans les vignes du Gers.

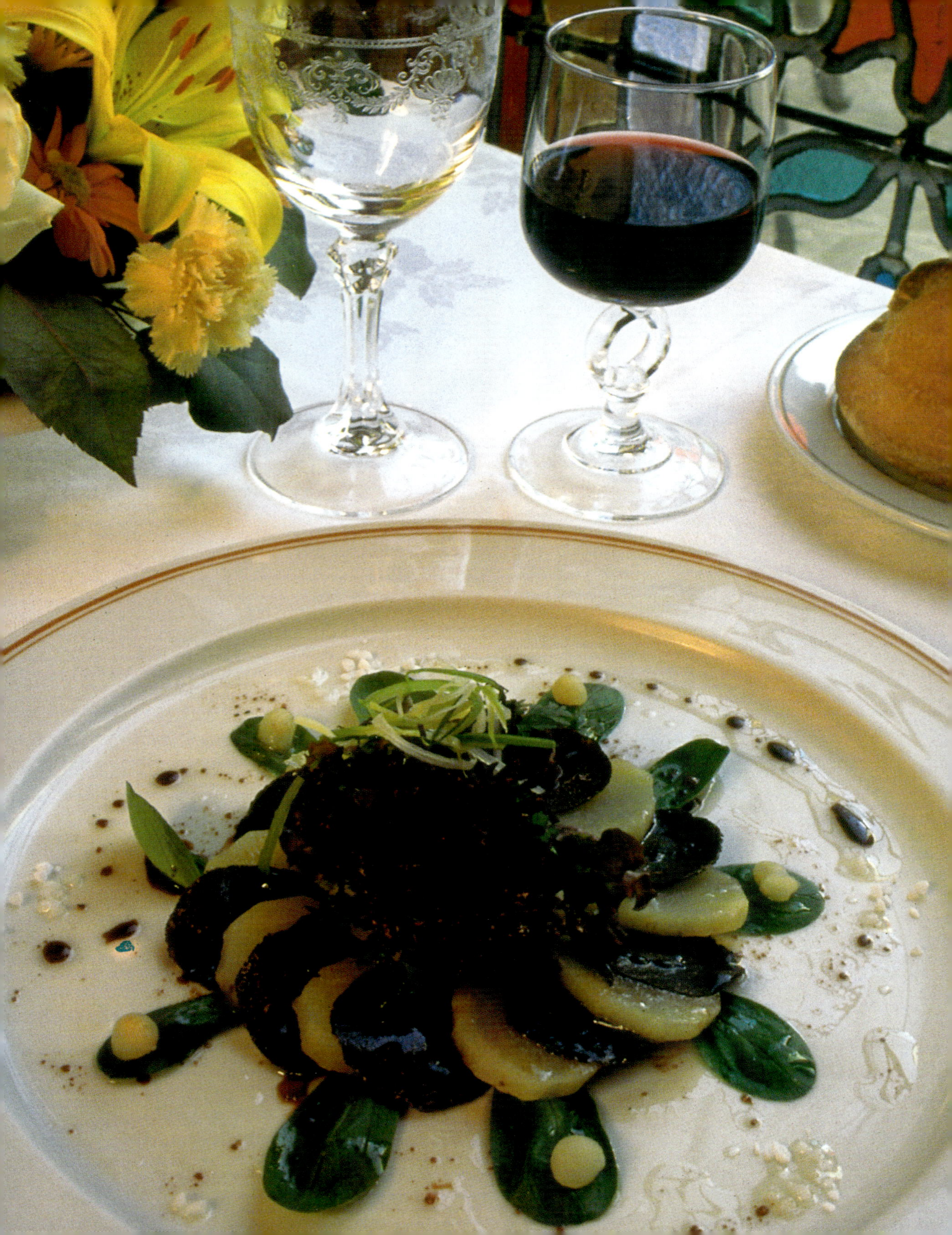

LA CUISINE EN FÊTE

LA TRUFFE

La truffe, mystère de la nature que les scientifiques n'ont toujours pas pleinement élucidé, est l'un des joyaux de notre gastronomie. Malgré des progrès dans la maîtrise de sa production, ce « diamant noir », sauvage ou cultivé, reste rare, donc coûteux. Son arôme profond permet heureusement de l'utiliser en petites quantités pour parfumer naturellement le foie gras, mais aussi les volailles, les œufs et les salades, qu'elle transforme aussitôt en repas de gala.

L'ORIGINE

Les Grecs et les Romains s'intéressaient déjà à la truffe, que de nombreux auteurs anciens, tels Pline et Juvénal, évoquent dans leurs ouvrages. Peut-être s'agissait-il alors des « terfas », ces truffes blanches des déserts d'Afrique et d'Asie.

Ces champignons furent d'abord appréciés des seigneurs mais souvent méprisés par les paysans. La récolte se faisait comme celle des autres champignons : les gardiens de troupeau ramassaient les truffes qu'ils trouvaient, sous la mousse, au bord des chemins.

À la fin du XVIIIe siècle, une expérience réalisée par un conseiller du Parlement d'Aix-en-Provence eut un impact inattendu. Monsieur de Montclar avait planté dans sa propriété de Bourgane, dans le Vaucluse, des glands de chêne de Malte. Dix ans plus tard, il récoltait des truffes. Un paysan fit le rapprochement, et le procédé se développa de façon empirique dans tout le département, ainsi que dans les Alpes-de-Haute-Provence, le Var et la Dordogne.

LE « DIAMANT NOIR », UN CHAMPIGNON SANS PAREIL.

Tout au long du XIXe siècle, de nombreux essais de plantation de chênes auront lieu dans le Sud-Est et le Sud-Ouest. Dans les Causses, le développement se fit grâce aux viticulteurs. Ils avaient remarqué, sans pouvoir l'expliquer, que les truffes poussaient dans leurs terres. En 1870, une épidémie de phylloxéra détruisit les vignes. Le sol favorable aux truffes s'étant ainsi libéré, elles purent se développer facilement, et les viticulteurs trouvèrent là une nouvelle source de profits.

Au début du XXe siècle, la récolte annuelle de truffes atteint en France 1 500 à 2 000 kilos. Aujourd'hui, les principaux pays producteurs en Europe sont la France, l'Espagne et l'Italie.

UN MYSTÉRIEUX CHAMPIGNON

Des études scientifiques ont permis de recenser trente-deux espèces de truffes à travers le monde, mais cinq variétés seulement sont comestibles. La truffe est un champignon souterrain de la famille des ascomycètes, vivant en association avec les racines de certains arbres dits « truffiers » dans des terrains argilo-calcaires. Les arbres truffiers sont principalement le chêne, le noisetier, le charme et le tilleul. Mais le mystère des relations génétiques entre la truffe et l'arbre nourricier est encore loin d'être éclairci.

LA RÉCOLTE

En général, la récolte des truffes se fait à l'aide de chiens ou de cochons dressés. La finesse de leur odorat leur permet de repérer les champignons sous terre. Le cochon est si gourmand qu'il n'a besoin d'aucun stimulant, bien au contraire…

PLANTATION D'ARBRES TRUFFIERS.

Dès qu'il se met à creuser, le maître tire sur la laisse et termine la recherche lui-même, pour éviter que l'animal ne fasse un festin de sa trouvaille. Le chien n'ayant, lui, pas d'attirance naturelle pour la truffe, il faut de longues heures de dressage avant de parvenir à des résultats. Deux autres procédés existent, bien qu'ils soient peu utilisés par les récolteurs (ou rabassiers). La récolte « à la marque » nécessite une grande expérience et une bonne connaissance des terrains truffiers, puisqu'il s'agit de reconnaître les marques imprimées dans

LES ESPÈCES

LES TRUFFES BLANCHES

LA TRUFFE DE LA SAINT-JEAN OU TRUFFE D'ÉTÉ (« TUBER ŒSTIVUM »). *Elle pousse essentiellement en France et en Italie. Sous un péridium noir, l'intérieur est jaunâtre ou gris blanc. Attention, si elle ressemble extérieurement à la truffe noire, mieux vaut ne pas les confondre car la truffe de la Saint-Jean a peu de goût.*

LA TRUFFE D'ITALIE (PIÉMONT) (« TUBER MAGNATUM »). *On en trouve peu en France. De taille similaire à la truffe noire, elle possède un parfum et un goût exceptionnels. Cette truffe ne se cultive pas : elle ne pousse que dans des terrains vierges, enfouie à 40 cm sous terre (25 cm pour la truffe noire). La forte odeur qu'elle dégage facilite aux chiens ou aux cochons le travail de recherche. On la consomme uniquement crue, soigneusement nettoyée et débitée en lamelles grâce à une râpe spéciale. Mais ce délice est réservé à bien peu de gourmets, car son prix est tel qu'elle n'est pratiquement pas commercialisée. Le village d'Alba, en Piémont, organise chaque année une fête en l'honneur des chercheurs de truffes. Les habitants sont si fiers du « diamant d'Alba » qu'ils ont envoyé au pape Jean-Paul II un spécimen rare : une truffe pesant 1,6 kilo.*

LES TRUFFES NOIRES

LES TRUFFES DU PÉRIGORD (« TUBER MELANOSPORUM »). *Les spécialistes les considèrent comme les véritables truffes, les seules réellement intéressantes sur le plan gastronomique. Mais attention, cette appellation botanique ne présage en aucun cas du lieu d'origine. Les truffes du Périgord peuvent aussi bien provenir du Quercy que de la vallée du Rhône, d'Espagne ou d'Italie.*

LES TRUFFES GRISES D'HIVER OU TRUFFES D'AUTOMNE (« TUBER UNCINATUM »). *On les récolte en Champagne et en Bourgogne. Leurs qualités gustatives n'ont rien de commun avec les truffes du Périgord.*

LA CUISINE EN FÊTE

LE CAVAGE DES TRUFFES EN DORDOGNE.

le sol par le développement des truffes. Quant à la récolte « à la mouche », elle consiste à repérer les petits essaims d'une mouche (la *Helomyza tubericola*). Les truffes servant de réceptacle à ses œufs, la présence d'essaims signale les endroits où les champignons sont enfouis. Le cycle d'évolution de la truffe commence au printemps. La récolte s'étend de la fin novembre jusqu'au mois de mars. C'est à cette période qu'ont lieu les marchés aux truffes : un spectacle et des odeurs à ne pas manquer. Les restaurateurs et conserveurs forment la majorité des acheteurs. Rares sont les particuliers qui achètent ce « diamant noir », d'une part à cause de son prix très élevé, mais également parce qu'il n'est pas facile pour un non-initié de reconnaître la qualité d'une truffe.

LES TRUFFES

Un marché aux truffes dans le Lot : des mines réjouies.

Fraîches ou en conserve, les truffes parfument quantité de plats.

La production

La production est hélas capricieuse et liée aux conditions atmosphériques. Elles favorisent, ou non, la germination au printemps et la croissance du mycélium qui, tout au long de l'été, se développe en spores qui forment le champignon. Les truffes sont plus ou moins grosses et plus ou moins odorantes, sans que l'on sache améliorer leur qualité. Aucune manipulation n'est possible dans ce domaine car la partie de la truffe que l'on consomme est sa fructification, résultat d'un cycle génétique délicat et encore mal connu.

Au cœur de la masse noire de la truffe se trouvent des veinules blanches. À l'intérieur, des petits sacs contiennent des spores qui, au contact des racines des arbres, produisent des filaments germinatifs qui permettent à la truffe de se développer en symbiose avec l'arbre, et par la suite de se reproduire. On a observé que, dans une même truffe, certaines spores contiennent un seul noyau et d'autres plusieurs, qui peuvent donc receler des informations génétiques différentes. Cette hétérogénéité reste encore inexpliquée. Les chercheurs n'ont toujours pas établi le nombre de chromosomes que possède la truffe.

Une technique nouvelle

À la fin du XIXe siècle, les truffières étaient entretenues par un binage superficiel qui empêchait les mauvaises herbes d'envahir le sol. La désertification agricole a supprimé cette pratique, entraînant une diminution de la production. Il y a une vingtaine d'années, la profession a réagi pour relancer la truffe dans les régions défavorisées comme le Périgord, le Quercy, la vallée du Rhône ou la Provence, avec d'excellents résultats. Cette amélioration a été rendue possible grâce à une meilleure connaissance des mécanismes de symbiose entre le champignon et l'arbre, que l'on avait autrefois perçus sans réellement les comprendre.

On sait désormais créer des plants mycorhizés, c'est-à-dire portant des spores de truffes. Les scientifiques ont établi que la truffe reçoit de l'arbre du carbone, qu'il ne peut pas synthétiser tout seul, et lui transmet, grâce à des enzymes spécifiques, des éléments minéraux qu'elle puise dans le sol (du phosphore par exemple). L'I.N.R.A. (Institut national de la recherche agronomique) et l'A.N.VA.R. (Agence Nationale de Valorisation de la Recherche) ont développé ces arbres mycorhizés, aujourd'hui commercialisés. Pour assurer la constance de qualité des plants, on produit même depuis peu des clones de noisetiers à Bordeaux, et de chênes à Clermont-Ferrand.

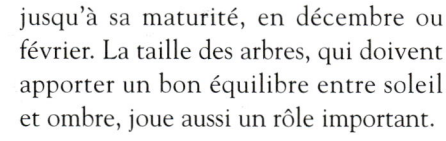

À RICHERENGES, DANS LA DRÔME, LA QUÊTE PEUT SE FAIRE AUX TRUFFES...

Il existe une vingtaine d'espèces d'arbres dont les racines permettent aux truffes de pousser. Il faut environ six ans à un noisetier, et huit à dix ans à un chêne, pour commencer à en produire. Les sols ont naturellement une grande importance dans le développement de la truffe. Ceux qui lui conviennent le mieux sont fortement calcaires et recouverts d'une couche de matières organiques assez épaisse, de vingt à trente centimètres. Ils doivent de plus être bien drainés. Dans certaines régions, les trufficulteurs ont mis en place des systèmes d'arrosage qui maintiennent une humidité régulière depuis la formation de la truffe, en avril ou mai, jusqu'à sa maturité, en décembre ou février. La taille des arbres, qui doivent apporter un bon équilibre entre soleil et ombre, joue aussi un rôle important.

MÉMENTO PRATIQUE

LES VARIÉTÉS DE CONSERVES

Les indications figurant sur les étiquettes vous permettent de choisir entre différentes qualités de truffes.
- **SURCHOIX :** bien rondes et calibrées.
- **EXTRA :** légèrement irrégulières. Ce sont les meilleures.
- **PREMIER CHOIX :** souvent plus claires, et de texture moins ferme.
- **MORCEAUX :** à réserver aux farces, omelettes et œufs brouillés.

ATTENTION LES TRUFFES FRAÎCHES

Prenez garde : on voit depuis quelque temps sur les marchés des truffes de Chine qui n'ont rien à voir avec notre truffe, dite du Périgord. Elles n'ont ni saveur ni odeur. Certains marchands les vendent sans préciser leur origine ou, pis encore, les mélangent aux autres. Attention aussi aux truffes blanches dont l'aspect extérieur est proche de celui des noires, mais dont le parfum est médiocre.

LES TRUFFES

JARRET DE VEAU ET CONFIT DE LÉGUMES AUX TRUFFES

POUR 4 PERSONNES
- 50 g de truffes
- 1 jarret de veau
- sel de Guérande

BOUILLON :
- 4 poireaux
- 8 carottes
- 1 oignon piqué de 2 clous de girofle
- 1 petit bouquet garni
- 1 branche de céleri

GARNITURE :
- 1 botte de jeunes carottes
- 4 poireaux
- petits navets fanes
- 12 petits oignons grelots
- 200 g de pois gourmands

1. Blanchir le jarret : le rincer, couvrir d'eau, amener à ébullition et ajouter les légumes du bouillon et la garniture aromatique. Faire cuire pendant 2 heures.
2. Éplucher tous les légumes de la garniture. Dans une cocotte en fonte, les faire revenir avec un peu de beurre et mouiller avec du bouillon de jarret, juste à hauteur.
3. Les assaisonner et les laisser mijoter. Ajouter du bouillon s'il en manque, pour obtenir de petits légumes brillants. Parsemer d'un râpé de truffes.
4. Égoutter le jarret et le disposer au centre d'un plat.
5. Ajouter les légumes tout autour du jarret.
6. Assaisonner d'un peu de sel de Guérande et de poivre.

CLÉMENT BRUNO
RESTAURANT BRUNO
CAMPAGNE MARIETTE
83510 LORGUES

RAVIOLES DE CÈPES, SAUCE À LA TRUFFE D'ALBA

POUR 10 PERSONNES

RAVIOLES :
- 600 g de pâte à raviole
- 5 jaunes d'œufs
- 1,5 kg de cèpes
- 300 g d'oignons
- sel, poivre et sucre
- huile d'olive

SAUCE :
- 1 l de crème fleurette
- 250 g de cèpes
- 100 g de truffes d'Alba

1. Éplucher puis émincer les oignons, les faire caraméliser dans une sauteuse avec un peu de beurre, sel, poivre et sucre.
2. Trier et découper les cèpes en gros dés, les faire dorer dans une poêle à l'huile d'olive.
3. Mélanger les cèpes et les oignons caramélisés, les laisser refroidir.
4. Étaler la pâte à raviole, en couche fine, et découper des rectangles de 10 x 6 cm.
5. Disposer les cèpes et les oignons sur la moitié du rectangle, dorer le tour au jaune d'œuf, replier la deuxième partie et tailler en arc de cercle.
6. Cuire ces ravioles 5 mm dans de l'eau bouillante salée.
7. Préparer la sauce : couper les cèpes en fines lamelles, les faire revenir dans une casserole, mouiller au fond blanc. Faire chauffer la crème, ajouter les truffes d'Alba détaillées en julienne, faire réduire jusqu'à obtenir la consistance désirée et assaisonner.
8. Servir les ravioles nappées de leur sauce.

LA CUISINE EN FÊTE

QUESTIONS ? RÉPONSES

Comment choisir des truffes fraîches ?
● Il est conseillé d'acheter les truffes fraîches non brossées car, protégées par la terre, elles se conservent environ huit jours au réfrigérateur. Mais attention, cette terre peut dissimuler une truffe véreuse, ou combler des alvéoles, et vous paierez alors la terre au même prix que la truffe… Des marchands peu scrupuleux peuvent aussi vendre sous une couche de terre des morceaux « recollés ». Mieux vaut être accompagné par un connaisseur quand on ne l'est pas soi-même, ou se faire recommander un producteur par un habitant de la région.

Les truffes brossées se conservent-elles bien ?
● Leur avantage est de ne réserver aucune surprise désagréable quant au poids et à la qualité, mais elles ne se conservent que trois à quatre jours, toujours au réfrigérateur. Si on les garde plus longtemps, une moisissure blanche apparaît (vers le sixième jour) et leur parfum se dissipe complètement.

Existe-t-il un truc pour mieux les conserver ?
● Les truffes fraîches doivent être bien séparées les unes des autres, pour éviter que la moisissure ou les vers puissent se propager.
Si vous souhaitez les conserver plus longtemps, vous pouvez les congeler, mais à condition de les consommer dans les trois mois. Le résultat est correct. Un restaurateur parisien, Roger Lamazère, avait pour habitude de les conserver plusieurs mois en les noyant dans une graisse d'oie portée à ébullition. Cette méthode est quand même à réserver aux spécialistes.

Le poids influe-t-il sur le goût ?
● La grosseur d'une truffe n'a aucune influence sur sa saveur. Choisissez selon l'utilisation que vous envisagez : pour truffer un chapon, mieux vaut une truffe un peu grosse, pour des œufs brouillés, les petites sont mieux adaptées. Évitez cependant les truffes très grosses, qui n'ont souvent que peu d'intérêt gastronomique.

Quelle différence entre les truffes en conserve et les fraîches ?
● Pendant la période de production (de novembre à mars), la truffe fraîche est moins chère que la truffe entière en conserve (boîte ou bocal). De plus, elle vous offre un parfum bien supérieur.

Quelle est la meilleure gamme de conserves ?
● Préférez les truffes de première ébullition ou première cuisson. Elles sont stérilisées crues, après avoir été triées, brossées et salées. C'est la seule catégorie qui conserve à la truffe sa texture et son arôme. Les conserveurs ne vendent qu'une partie de leur production sous cette forme. Le reste est conditionné au fur et à mesure des besoins du marché, et subit une seconde stérilisation qui nécessite une addition d'eau, opération qui diminue considérablement le parfum des truffes.

Quelques conseils de dégustation ?
● Offrez-vous un plaisir exceptionnel : manger une truffe fraîche, simplement brossée et lavée, à la croque-au-sel. Quand vous garnissez une salade de morceaux de truffes, prenez soin de remplacer le vinaigre par du jus de citron. Et si vous possédez une cheminée, découvrez un autre plaisir : une truffe cuite enveloppée dans du papier aluminium, que vous laisserez cuire 40 mn sous la cendre recouverte de braises.

87

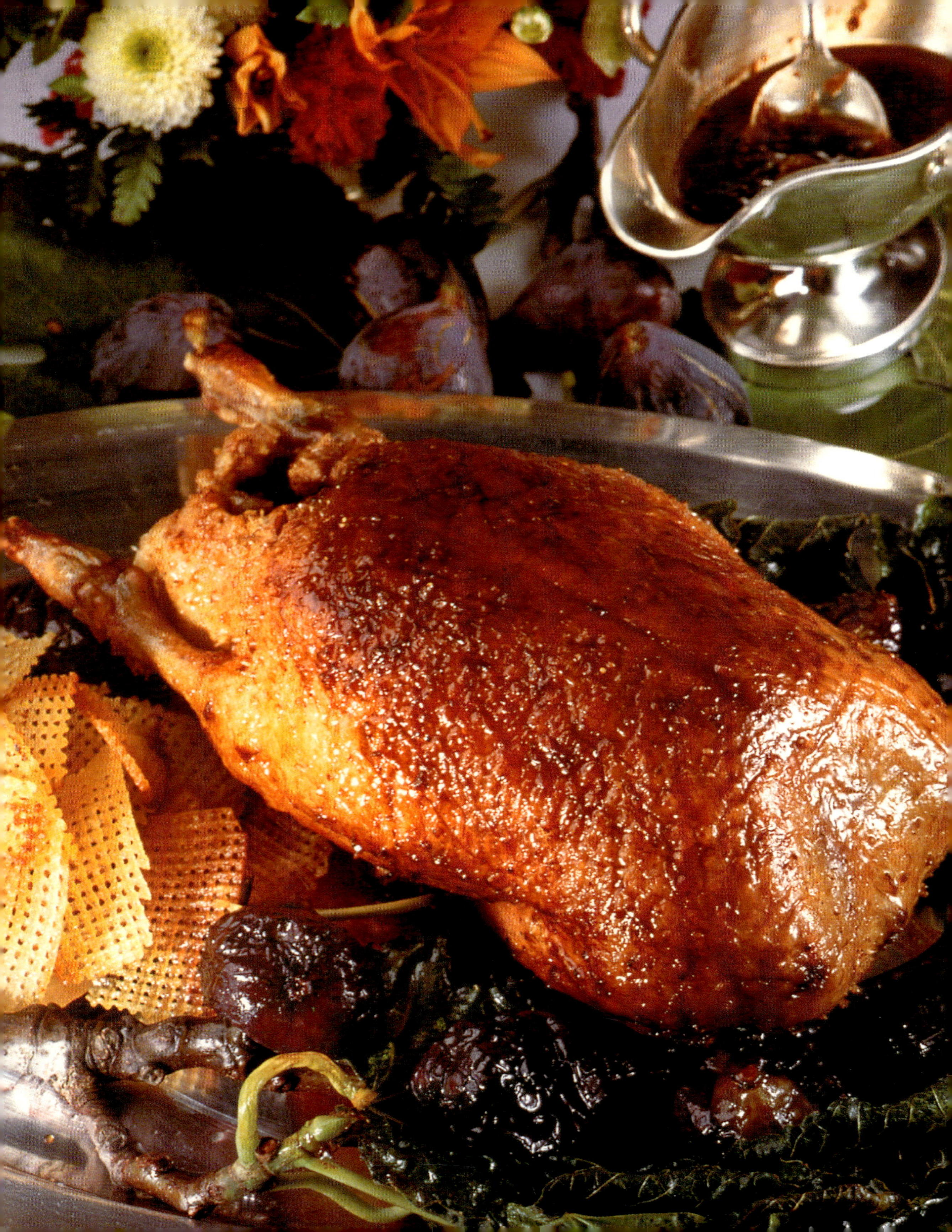

LA CUISINE EN FÊTE

LE GIBIER À PLUMES

Depuis la nuit des temps, l'homme a chassé pour se nourrir. Des siècles se sont écoulés avant qu'il songe à élever les animaux. Il n'y a encore pas si longtemps, le gibier sauvage était la viande la plus consommée par les paysans. C'est aujourd'hui un mets rare dont la saveur, bien différente de celle du gibier d'élevage, est symbole de fête partagée en famille ou entre amis. Pour le plaisir de la chasse ou les plaisirs de la table...

La chasse, une pratique contestée

Certains y voient une tradition, un sport ou un loisir, d'autres une survivance barbare... Quoi qu'il en soit, la chasse existe. Elle est désormais réservée aux détenteurs de permis : aujourd'hui plus de 1 500 000 en France, alors qu'en 1910 on ne comptait que 400 000 chasseurs environ.

Depuis quelques décennies, le développement des espaces urbains a considérablement amoindri la réserve de gibier. Les traitements chimiques, agricoles et industriels, provoquent également de très lourds dégâts. Mais à l'inverse, des réglementations cynégétiques très strictes (espèces protégées, plans de chasse, périodes de prélèvements limitées...) contribuent au maintien des populations et, grâce aux efforts des écologistes et des chasseurs, de nombreuses mesures de repeuplement ont été prises. Des couples de faisans sauvages d'Europe centrale sont par exemple réintroduits dans les réserves ou dans des zones favorables à leur reproduction gérées par l'O.N.F. (Office national des forêts). Par ailleurs, en 1987, les chasseurs ont créé un fonds de protection des habitats de la faune sauvage, et ce sans aucune aide extérieure.

LE CANARD

Une espèce à protéger

Les canards sauvages, ancêtres de ceux qui peuplent aujourd'hui nos basses-cours, sont des migrateurs que l'on peut apercevoir en France d'octobre à mars. Ces oiseaux surprenants ont su conquérir tous les espaces : aérien, aquatique et terrestre. Pourchassés depuis des millénaires de par le monde, ils sont aujourd'hui menacés de disparition. Les chasseurs ne sont pas les seuls responsables ; les progrès de la civilisation se révèlent souvent néfastes aux canards. Assèchement, drainage, suppression des zones humides pour gagner de nouvelles terres agricoles, détournement des cours d'eau et enfin urbanisation viennent

Le colvert, très répandu en France.

progressivement à bout des zones de prédilection de ces oiseaux. Les canards étant de grands voyageurs, c'est à l'échelle de la planète qu'il faudrait envisager des mesures de protection efficaces.

Une sarcelle d'hiver.

PORTRAIT

Les canards font partie de la famille des anatidés ansériformes. Ils se différencient des autres oiseaux aquatiques par les lames cornées qui garnissent les bords de leur bec. On distingue deux grands groupes : les canards de surface, comme les anas, et les canards plongeurs, comme les aytias.

Le plumage de ces palmipèdes est un modèle d'étanchéité et d'isolation thermique. À l'aide de son bec, le canard badigeonne régulièrement ses plumes de l'huile sécrétée par la glande uropygienne, située à la base du croupion. Cette substance assure une parfaite imperméabilisation, et le plumage très serré constitue un véritable bouclier contre les plombs des chasseurs.

Les canards de surface ont une particularité : les miroirs. Ces plumes situées sur l'arrière des ailes présentent des reflets irisés, bordés de noir et de blanc, et leur utilité reste mystérieuse. Selon les spécialistes, ces miroirs pourraient être des signaux visuels permettant aux espèces de se reconnaître à distance, ou servir de repères pour les vols nocturnes en formation lors des périodes migratoires.

Bords de mer, vasières découvertes par les marées, prés salés, lagunes, fleuves, lacs, étangs, marais et marécages : toutes les zones humides sont des lieux de prédilection pour les canards.

Le mâle effectue deux mues par an, juste après la période de reproduction. On parle de mue postnuptiale. Il perd toutes ses plumes de vol et se trouve ainsi dans l'incapacité de voler. Le plumage restant lui permet de se confondre par mimétisme avec son environnement. Les zones de reproduction sont en général très riches en nourriture et en végétation, et les canards y trouvent les protéines nécessaires au renouvellement de leur plumage. La plupart des zones de mue se situent dans les Flandres, aux Pays-Bas, dans les marais germaniques, au nord de la Chine et dans les plaines manchotes.

LA CHASSE

D'une manière générale, le canard sauvage est chassé au fusil, mais le choix est vaste quant à la méthode employée.

LE CAMOUFLAGE

Les chasseurs se cachent parfois derrière du bétail ou se camouflent à deux dans une tenue de vache pour tromper la vigilance des oiseaux. Des carrioles à grandes

---

LES ESPÈCES CHASSÉES EN FRANCE
Colvert, sarcelle d'hiver, sarcelle d'été, pilet, souchet, siffleur, chipeau, fuligule milouin, fuligule morillon, fuligule milouinan, eider à duvet, garot à œil d'or, harelde de miquelon, macreuse brune, macreuse noire, nette rousse.

Canard colvert dans son élément de prédilection.

roues recouvertes de branchages ou de meules de foin, qu'ils déplacent lentement dans les zones humides ou inondées, peuvent également leur faciliter l'approche.

La chasse à l'affût

Selon les régions, les cabanes situées au bord des étangs sont appelées huttes, tonnes ou gabions. Les chasseurs s'y dissimulent et utilisent des leurres ou des appelants (en général des canards sauvages qui ont été domestiqués) pour que les vols de passage se posent.

La chasse sur l'eau

On utilise des embarcations très plates qui ressemblent un peu à des pédalos. Le chasseur s'y allonge et, arrivé à portée des oiseaux, se relève pour tirer.

La chasse à la passée

C'est certainement la plus délicate. Le canard est tiré au vol, à la tombée du jour. C'est un tir difficile sur une silhouette fugitive : la vitesse de passage des oiseaux et la semi-obscurité compliquent l'évaluation des distances. Le chasseur et son chien doivent être extrêmement attentifs, parfaitement immobiles et silencieux.

L'Ordre des Canardiers

Cette confrérie compte parmi ses adhérents des grands chefs du monde entier, ainsi que de nombreuses personnalités. Elle perpétue à Rouen la tradition du « canard à la rouennaise » ou « canard au sang », recette qui fait l'objet de toutes les sollicitudes, et spécialité du célèbre restaurant « La Tour d'Argent » à Paris.

LE FAISAN

L'ORIGINE

Originaires d'Asie, ces gallinacés auraient été ramenés en Grèce par Jason et les Argonautes, qui les avaient capturés sur les rives du Phase, en Colchide (actuelle Géorgie). Les Romains en font des oiseaux d'ornement pour les parcs et les volières. Sous Charlemagne, le faisan est élevé pour être chassé dans les chasses royales. Plus tard, les chevaliers prêtent le « serment du faisan » avant de partir en croisade, en posant la main sur un volatile vivant. Par ce geste, ils s'engagent à se lancer dans une aventure exceptionnelle. À partir du XVIe siècle, la population de faisans dans les forêts françaises est considérable ; le faisan devient un gibier réellement important.

Aujourd'hui, on ne trouve bien évidemment dans le commerce que des faisans d'élevage. Très convoité, il est de plus en plus rare à l'état sauvage. L'intervention de l'homme est indispensable à sa multiplication et à sa reproduction. De nombreux lâchers de gibier dit « de tir » sont pratiqués par les sociétés de chasse, mais, pour les connaisseurs, le faisan sauvage est plus vif et son arôme plus subtil.

Le faisan et son plumage aux couleurs de l'automne.

En élevage, on enduit de goudron le croupion des jeunes faisans pour limiter le cannibalisme.

PORTRAIT

Il existe de nombreuses variétés de faisans, originales ou issues de croisements, ce qui leur donne des plumages aux couleurs extraordinaires : rouge, mordoré, jaune, vert ou même bleu de nuit… Le faisan vénéré est considéré comme le plus beau de tous. Son plumage noir et or a des reflets métalliques brillant au soleil, le rouge de ses bajoues faisant ressortir le « masque » noir de ses yeux. Sa longue queue peut atteindre 1,50 mètre. La poule faisane, comme toutes les femelles à plumes, porte des couleurs moins éclatantes, dans les tons marron et beige. Elle est aussi plus petite.

Les faisans vivent de cinq à six ans. Insectivores dans un premier temps, ils consomment ensuite des glands et des baies. Leurs lieux de prédilection sont les lisières des bois, les haies et les cultures sur pied comme le maïs, qui leur permettent de se protéger du vent et des prédateurs. Ils n'en sortent que pour se sécher au soleil ou se battre. Leurs cris signalent leur présence d'assez loin. Le faisan se déplace beaucoup à pattes – on dit qu'il piète – et ne s'envole que rarement. Cela lui vaut parfois la vie sauve, car les vrais chasseurs ne tirent jamais sur un faisan posé à terre.

LA CUISINE EN FÊTE

FAISANS DE TIR EN VOLIÈRE.

LA SAISON DES AMOURS

Pendant la saison des amours, le faisan est le plus bruyant des gallinacés. Toute la journée, il pousse un cri sur deux notes en se dressant, la tête en arrière, les yeux mi-clos, en battant vigoureusement des ailes. Le soir, son cri se module en trois notes répétées. Sa parade nuptiale est spectaculaire. Le mâle tourne autour de la femelle, la tête basse et les plumes du cou hérissées. L'aile qui se trouve à l'intérieur de sa ronde pend, l'autre est relevée, déployée comme une voile. La queue, inclinée vers l'intérieur du cercle, se déploie en éventail. Puis, lorsque la femelle a cédé, le mâle la délaisse pour recommencer sa cour auprès d'une autre. Le faisan est polygame, et le vainqueur d'un combat, à coups d'ergots, se constitue un harem de trois ou quatre femelles.

La poule faisane pond neuf à douze œufs, dans un nid garni d'herbes et de plumes qu'elle creuse dans la végétation (haies, talus, taillis, champs de céréales…). Si la première couvée est détruite, elle peut pondre une ou même deux couvées de remplacement. Les éclosions ont lieu en mai et surtout en juin. Les faisandeaux naissent après 25 jours d'incubation, mais 40 à 60 pour cent d'entre eux seront victimes de prédateurs (corneilles, pies, renards, chats, chiens et rapaces) ou des intempéries.

93

LE GIBIER À PLUMES

L'ORTOLAN

La chasse

La vente de l'ortolan est interdite en France mais sa chasse reste tolérée dans quelques rares départements du Sud-Ouest, dont les Landes, du 15 août à la fin septembre. Les secrets de chasse se transmettent de génération en génération. Ils sont jalousement gardés, et les chasseurs conservent en général un mutisme total sur leurs zones d'activité, s'y rendant dans le plus grand secret.

La technique de la chasse à l'ortolan est très particulière : l'oiseau est capturé vivant. La préparation commence dès le mois de juillet. Le chasseur aménage un terrain pour obtenir au milieu de la végétation une bande de terre brute. Il y installera des pièges grillagés en forme de cloches maintenues entrouvertes par un petit bout de bois qui s'abat dès que l'oiseau le frôle. Ces pièges s'appellent les matoles. Il plante ensuite les branquéous, branches mortes sur lesquelles les ortolans se posent avant de descendre au sol. Là intervient toute la science d'observation du chasseur car ces branches, qui porteront des appelants, doivent être disposées de façon stratégique. Enfin, il dispose des piquets destinés à recevoir d'autres appelants.

Le premier matin de chasse, à l'aube, il installe les matoles sur

L'ORTOLAN, UN OISEAU RÉSERVÉ AUX CHASSEURS DU SUD-OUEST.

la friche préparée et dispose dans chacune des bouquets d'avoine ou des graines. Les appelants sont mis en place, les meilleurs chanteurs étant répartis sur les branquéous ; un ou deux, placés plus loin, servent de rabatteurs.

À l'approche d'un vol d'ortolans, les appelants redoublent leur chant et attirent ainsi leurs congénères. Les oiseaux pris au piège sont relevés régulièrement, toutes les deux heures jusqu'au crépuscule, car ils sont très sensibles au soleil. Ils sont alors précieusement rangés dans une caisse garnie de toile pour qu'ils ne se blessent pas durant le transport.

Un rituel ancestral

Les oiseaux capturés sont ensuite mis dans des cages basses et engraissés pendant trois semaines environ, dans des pièces sombres et bien ventilées. Autrefois, on les nourrissait essentiellement de graines de panis, qui donnaient une graisse excellente mais un peu amère. On préfère aujourd'hui le millet blanc alpiste. Certains utilisent en complément des insectes, des petits bourgeons et des raisins, qui donnent un goût plus fin. En trois semaines, l'oiseau quadruple de volume pour atteindre 100 à 120 g.

Lorsque le moment est venu de le consommer, on plonge le bec de l'ortolan dans un petit verre d'armagnac. Les vapeurs d'alcool font le reste. Après

LA CUISINE EN FÊTE

LES «MATOLES»
PERMETTENT
DE CAPTURER
L'OISEAU VIVANT.

l'avoir plumé, on retire le gésier en pratiquant une petite incision à la base du cou. La cuisson se fait au four, dans de petites cocottes en terre cuite ou en porcelaine où les oiseaux sont placés deux par deux. Les spécialistes préconisent un temps de cuisson très précis : quatre minutes et demie. Les cocottes sont servies très chaudes, dès la sortie du four.

Puis vient le rituel de la dégustation. Chaque convive se couvre la tête d'une serviette, ce qui lui permettra à la fois de profiter de tous les fumets dégagés, et d'éviter à son entourage le spectacle de la graisse coulant sur le menton. Ainsi prêt, on saisit délicatement l'ortolan par les deux extrémités des ailes, on commence par sucer le croupion, et on enfouit l'oiseau entier dans la bouche pour l'y laisser fondre. Déguster un ortolan, privilège extrêmement rare, est une expérience unique car sa chair est la plus fine et la plus délicate des petits oiseaux. On a souvent dit que François Mitterrand raffolait de ces oiseaux, dont il se délectait en saison dans sa demeure des Landes.

LA BÉCASSE

UN PLAISIR RARE

Vous ne goûterez le plaisir de déguster une bécasse que si vous chassez ou qu'un ami chasseur vous en offre. En effet, elle est interdite à la vente ainsi qu'en restauration. La chasse à la bécasse, en revanche, est autorisée, mais strictement réglementée.

PORTRAIT

Dans la classification de Linné, réalisée en 1758 et toujours utilisée par les chercheurs aujourd'hui, la bécasse est la *Scolopax rusticola*, appartenant à la famille des scolopacidés charadriidés. On distingue différentes variétés, parmi lesquelles la bécasse américaine, la bécasse javanaise, la bécasse des Célèbes (Indonésie) et la bécasse d'Amami.

Les bécasses qui hivernent dans le Sud-Ouest de la France viennent essentiellement de Suède et de Finlande, dans le Sud-Est, ce sont plutôt celles d'Europe centrale et, dans le Centre, celles des Pays-Bas, du Danemark et d'Allemagne de l'Ouest. Elles migrent de préférence dans l'obscurité, et apparemment en solitaires, puisqu'en arrivant au sol elles sont dispersées et isolées.

LA BÉCASSE DES BOIS, AU LONG BEC FOUISSEUR.

Ces oiseaux pondent en mars, et en cas de problème une ponte de remplacement a lieu sept à dix jours plus tard. Pour certains, il y aurait deux pontes (en mars et en août). Les spécialistes restent en désaccord sur ce point. Les bécasses ont deux particularités : un bec fouisseur pour creuser la surface du sol à la recherche de la nourriture, et des yeux dotés d'une vision panoramique vers le haut qui leur permet de circuler facilement entre les branches. Leur durée de vie est assez courte (moins de deux ans).

UN OISEAU GOURMAND

La bécasse a une croissance très rapide : de 17 g à la naissance, elle passe à 110-120 g dès la deuxième semaine et atteint 220-250 g vers un mois. Adulte, elle pèse entre 300 et 500 g. Cette croissance est liée à un métabolisme élevé. Les besoins alimentaires de la bécasse sont tels que l'hiver, lorsque les jours sont plus courts, n'étant pas encore rassasiée, elle se rend dans les prairies à la tombée de la nuit pour continuer à se nourrir en toute tranquillité : insectes, mille-pattes, escargots, acariens, feuilles, racines et graines sont au menu. Elle se nourrit également de vers de terre, qui remontent le soir à la surface. Ces vers, qui ingurgitent les produits toxiques des traitements agricoles chimiques, et contaminent donc leurs prédateurs, représentent un sérieux danger pour la survie de l'espèce.

LA PLUME DU PEINTRE

L'une des plumes de la bécasse, très fine, servait autrefois aux peintres pour tracer les traits délicats. Aujourd'hui encore, les horlogers nettoient à la plume de bécasse les mécanismes les plus fragiles.

BÉCASSES RÔTIES AU FOIE GRAS

Serge de Roquebrune

POUR 4 PERSONNES
- 4 bécasses entières
- 4 fines tranches de lard
- 5 à 6 cuillerées de graisse d'oie
- 4 tranches de pain de campagne grillées
- 1 verre de fond de veau
- 1 foie gras cru entier (400-500 g)
- 100 à 150 g de truffes fraîches
- ail, baies de genièvre, sel et poivre

1. Préparer les bécasses le matin. Les plumer, puis les trousser, c'est-à-dire passer leur bec derrière la cuisse, en ayant pris soin de le maintenir entrouvert avec une baie de genièvre. Les barder de lard, pour qu'elles conservent tout leur moelleux, les disposer dans un plat et laisser au frais dans le bas du réfrigérateur.
2. Le soir, les sortir une à deux heures avant la cuisson. Juste avant de les enfourner, les arroser d'un peu de graisse d'oie, saler et poivrer. Le four doit être chaud (thermostat 7 au moins). Retourner les bécasses toutes les cinq minutes en les arrosant avec leur jus.
3. Au bout d'un quart d'heure, ajouter de l'ail en chemise (8 gousses).
4. Dix minutes avant la fin de la cuisson (qui dure environ 40 mn), glisser les tranches de pain grillées frottées d'ail (les rôties) sous les bécasses pour qu'elles s'imprègnent de jus de cuisson.
5. Vérifier que la cuisson est terminée en piquant les bécasses avec un couteau : il ne doit plus couler une goutte de sang. Réserver les rôties.
6. Séparer les têtes des corps, fendre les bécasses en deux et racler l'intérieur. Éliminer les gésiers, conserver les intestins, et remettre les bécasses au chaud. Mélanger les intestins avec le foie gras préalablement tranché et passé rapidement à la poêle (aller retour), ajouter des baies de genièvre hachées, et étaler le tout sur les rôties.
7. Dresser une bécasse entière par personne : les reconstituer et les disposer sur les rôties.
8. Déglacer le plat de cuisson avec un peu de fond de veau porté à ébullition dix secondes, filtrer, et en arroser les bécasses.

*Le comble du raffinement consiste à ajouter un peu de truffes finement hachées au mélange qui recouvre les rôties.
Déguster avec un vin de Bordeaux ou de Cahors.*

LA GRIVE

Pour rejoindre l'Afrique, les grives survolent la France, carrefour des migrations européennes, en septembre ou en octobre. Le retour a généralement lieu en février. Les passages ne durent que quelques jours. Dès le lever du jour, on peut alors voir les chasseurs, embusqués derrière des postes de broussailles, portant leur collier de sifflets ou bardés d'appelants. Observer les vieux chasseurs « chiler » (c'est-à-dire imiter le chant de la grive à l'aide d'un sifflet) pour que les oiseaux se posent au bon endroit est un spectacle captivant. Pendant toute la saison, la chasse à la grive anime les conversations dans les villages du sud de la France. Plusieurs techniques existent, chacune ayant ses partisans convaincus : chasse au posé, tir au vol, capture des appelants au gluau (petites branches enduites de glu)... Tous revendiquent bien sûr le respect des traditions et le même souci d'authenticité.

Les régions privilégiées de la chasse à la grive restent la vallée du Rhône et le Sud-Est. Les merles, les grives, les draines et les chachas constituent les différentes variétés d'une même famille.

GRIVE MUSICIENNE.

BROCHETTES DE GRIVES À LA PROVENÇALE.

LA PERDRIX

On distingue deux variétés de perdrix : la grise, que l'on rencontre dans le Nord et le Centre de la France, et la rouge, qui a élu domicile dans le Sud-Ouest et le Midi. La fameuse bartavelle que Pagnol évoque dans ses souvenirs est apparentée à cette dernière. Avec un peu de chance, on peut la voir dans le Jura, les Alpes et les Pyrénées, mais elle est devenue rarissime. Quant au colin de Virginie, cousin de la caille et de la perdrix importé d'Amérique, il donne d'excellents résultats pour le repeuplement. Heureusement pour cette grande famille, car les prédateurs et les intempéries leur font subir de lourdes pertes.

La perdrix est d'abord appelée pouillard, puis perdreau jusqu'à un an, sans distinction de sexe. Extrêmement robuste, le perdreau niche dans les creux du sol. L'hiver, il est capable d'aller chercher sa nourriture sous la neige en creusant des tunnels. Il se nourrit essentiellement de baies et de pousses tendres.

La perdrix se chasse au chien d'arrêt. C'est souvent après plusieurs heures de recherche que le chien repère les oiseaux, qui se déplacent en petits groupes. Grâce à son flair, le chien avance sans bruit. La perdrix est comme hypnotisée et reste complètement immobile. Ce face-à-face ne sera rompu qu'au commandement du chasseur. Il faut éviter de prolonger ces instants, car le rythme cardiaque du chien s'accélère dangereusement.

UN OISEAU AUJOURD'HUI TRÈS RARE EN FRANCE.

LA PALOMBE

La palombe est le nom donné au pigeon ramier dans le sud-ouest de la France. Elle se consomme essentiellement rôtie ou en salmis. Ces oiseaux, comme les grives, survolent la France entre septembre et octobre pour rejoindre l'Afrique. Souvent à des altitudes élevées (2 000 à 3 500 mètres), ils volent entre onze et quinze heures et parcourent entre 500 et 600 km par jour. Les zones de passage sont principalement les Landes, le Pays basque et les cols pyrénéens.

Dans le Sud-Ouest, on parle alors de « maladie bleue » car, lorsque les nuages bleutés se profilent dans le ciel, il devient bien difficile de trouver quelqu'un à son poste de travail. La chasse à la palombe suscite une véritable passion dans cette région. Dès l'été, on remet en état les palombières, des abris placés au bord d'une clairière pour que les chasseurs puissent voir arriver les oiseaux de loin. Lorsque la saison est venue, on installe les appelants (des oiseaux servant d'appâts) sur une palette placée en haut d'un arbre et reliée à la palombière par une ficelle. À l'approche d'un vol, un chasseur tire sur la ficelle et la palette bascule. Les appelants battent alors des ailes pour conserver leur équilibre. En même temps, à l'intérieur de la palombière, un homme agite de haut en bas une autre palombe attachée sur un

PALOMBES SERVANT D'APPÂTS, MUNIES DE CASQUES POUR DISSIMULER LEURS YEUX.

LE GAVAGE DES « APPELANTS ».

MISE EN PLACE
DES APPELANTS.

UN APPELANT
À SON POSTE
STRATÉGIQUE.

bâton appelé le « semec ». Le vol de palombes, attiré par ces bruits d'ailes et pensant que des oiseaux sont en train de se poser, hors de tout danger, amorce sa descente et vient atterrir. Les chasseurs coordonnent le tir, repèrent chacun leur oiseau et tirent tous ensemble.

Il existe d'autres types de chasse, comme la chasse au filet, un art difficile et très controversé. Les prises ne sont généralement pas très importantes. La palombe se chasse aussi sur les lignes de crête, depuis de simples abris de branchages ou de pierres à ciel ouvert. Les oiseaux sont alors tirés à la volée.

On compte environ 120 000 prises par an en France, ce qui représente tout au plus 1 % des oiseaux de passage.

SOUPE DE PALOMBES AUX LENTILLES ET AU CHOU

Firmin Arrambide
Les Pyrénées
19, place du Général-de-Gaulle
64220 Saint-Jean-Pied-de-Port

POUR 4 PERSONNES

- 2 palombes
- 200 g de lentilles vertes
- 1 oignon
- 1 carotte
- 1 morceau d'ail
- 1 bouquet garni
- 1/2 chou vert
- 50 g de beurre
- 50 g de crème fraîche
- 1 cl d'armagnac

1 La veille, faire tremper les lentilles vertes.
2 Plumer, flamber et étriper les deux palombes. Les cuire en cocotte et les flamber à l'armagnac. Prélever les 4 filets (poitrine) bien rosés. Réserver. Les carcasses de palombes cuiront dans les lentilles pour donner leur goût à la soupe.
3 Peler l'oignon, la carotte et le morceau d'ail. Les tailler en paysanne. Ajouter les lentilles égouttées, mouiller avec 1,5 litre d'eau froide. Ajouter le bouquet garni et les carcasses de palombes. Laisser cuire une heure environ.
4 Parer vos feuilles de chou vert et bien les laver. Les tailler en fine julienne. Les cuire à l'eau bouillante salée et les réserver au chaud.
5 Une fois les lentilles cuites, enlever les carcasses de palombes et mixer la soupe. Il en reste environ un litre. Passer au chinois et ajouter une noix de beurre et 50 g de crème fraîche. Rectifier l'assaisonnement.
6 Mettre au centre de chaque assiette une pyramide de julienne de chou et disposer dessus les filets de palombes taillés en fines aiguillettes. Servir la soupe en petite soupière devant chaque convive.

BALLOTTINE DE COLVERT AU PIMENT D'ESPELETTE ET PIQUILLOS

Pierre Alcorta et Philippe Dainciart
La Taverne basque
46 rue du Cherche-Midi
75006 Paris

POUR 4 À 6 PERSONNES

- 1 gros canard colvert
- 50 g de carottes
- 50 g d'oignons
- garniture aromatique
- 1 feuille de cerfeuil
- ciboulette hachée
- 500 g de viande de veau
- 100 g de foie gras coupé en dés
- 5 g de piments d'Espelette
- 4 œufs
- 1/4 de l de crème fleurette
- 2 ou 3 piquillos par personne
- 80 g d'échalotes
- 50 g de beurre
- 1/4 de l de porto

1. Désosser le canard colvert en abîmant le moins possible la peau. Garder les cuisses et les magrets pour la farce fine.
2. Désosser les cuissses et dépouiller les magrets.
3. Faire 1/2 l de fond de canard avec la carcasse, les os des cuisses, oignon et carotte en dés, le cerfeuil, la ciboulette hachée et la garniture aromatique.
4. Hacher les cuisses de canard, les magrets et la viande de veau à la grille fine. Assaisonner de sel. Ajouter les piments d'Espelette, les dés de foie gras, les œufs et la crème fleurette.
5. Reconstituer la ballottine dans la peau du canard avec la farce fine. Combler les trous avec une barde fine. Rouler le tout dans un papier film puis dans un torchon. Ficeler les extrémités.
6. Pocher la ballottine dans le fond de canard.
7. Farcir les piquillos de farce à ballotine.
8. Faire suer les échalotes dans le beurre, y ajouter le porto et le fond de canard. Laisser réduire et ajouter un peu de piment d'Espelette et de foie gras pour la liaison. Passer au mixer.
9. Dresser sur assiette une tranche fine de ballottine et des piquillos cuits dans le bouillon de canard. Entourer d'un cordon de sauce. Accompagner de pommes fondantes et, en saison, de girolles.

LE FAISANDAGE

Les petits oiseaux se consomment aussitôt pris, mais la viande des plus gros ne développe tous ses arômes qu'après un certain temps de repos pendant lequel une réaction chimique s'opère naturellement. C'est ce qu'on appelle le faisandage : les glucides se transforment en acide lactique, les germes contenus dans l'intestin envahissent les tissus, et décomposent les protéines en créant des substances aux effets attendrisseurs. Les gibiers se consommaient autrefois très faisandés et provoquaient souvent une maladie, la fameuse « goutte ». Aujourd'hui, selon la taille et l'âge de l'oiseau, le faisandage dure de deux à cinq jours. Certains chasseurs vous diront que pour la bécasse, le perdreau, le canard et le faisan, on peut se permettre d'attendre un peu plus longtemps…

À NOTER : pour faisander un canard, il faut compter deux ou trois jours.

LES MIGRATIONS

LES ROUTES DU SOLEIL

Les migrations ont toujours suscité la curiosité et l'intérêt des hommes. On trouve sous nos latitudes des oiseaux sédentaires parce que l'homme est intervenu, mais la grande majorité d'entre eux sont des grands migrateurs ou des migrateurs partiels. Le froid et le raccourcissement des jours incitent les oiseaux à se déplacer du nord au sud et du sud au nord, en fonction des saisons, à la recherche des meilleurs espaces pour perpétuer leur espèce. Leurs routes sont choisies selon les potentiels des zones de repos et de ravitaillement.

En France viennent hiverner les oiseaux scandinaves, baltes, soviétiques septentrionaux, nord-germaniques, danois, néerlandais et britanniques.

Ils se répartissent sur la moitié nord-ouest du pays, des Ardennes aux Pyrénées-Atlantiques. Un autre groupe, composé d'espèces soviétiques et médio-européennes, hiverne dans le Sud-Est. La vallée du Rhône, et tout particulièrement la Camargue, est une zone de la plus haute importance pour la sauvegarde de nombreuses espèces. Ces deux grandes lignes ne constituent pas un système figé, des éléments climatiques peuvent venir le bouleverser. Quand des grands froids viennent contrarier les oiseaux dans une zone habituelle de récupération, ils provoquent parfois un départ anticipé. Les oiseaux se déplacent alors pour retrouver des conditions plus favorables. Le nombre de pays concernés par les migrations rend extrêmement difficile la mise en œuvre des mesures de sauvegarde pour les espèces en voie de disparition.

UN MYSTÉRIEUX INSTINCT

Le sens de l'orientation des oiseaux reste un grand mystère pour les scientifiques. Mémoire visuelle, utilisation du champ magnétique, repérage en fonction de la position des étoiles, horloge biologique leur permettant de se situer par rapport au soleil ? À l'heure actuelle, aucune de ces hypothèses n'a pu être vérifiée. D'autres supposent encore que les oiseaux migrateurs perçoivent les forces dues à la vitesse de giration de la terre (force de Coriolis) qui, mieux que le champ magnétique, leur permettrait de s'orienter. Peut-être se repèrent-ils également grâce aux ultrasons créés par la terre, les océans, les montagnes et les vents… Rien de cela n'est certain. Les observateurs ont cependant constaté deux choses : les vols sont toujours conduits par de vieux oiseaux expérimentés, et l'oiseau de tête change régulièrement, comme c'est le cas dans les pelotons de cyclistes.

UN SPORTIF DE HAUT VOL : LE CANARD

Le canard a des capacités de vol étonnantes. Sa musculature pectorale lui donne une force exceptionnelle, et la graisse qu'il accumule avant la migration lui apporte d'immenses réserves d'énergie. La sarcelle d'été est incontestablement l'espèce qui remporte la médaille d'or. Elle atteint 100 km/h par temps calme, et plus encore quand les vents sont favorables. Les vents d'altitude jouent un grand rôle sur les couloirs de migration : leur vitesse est souvent bien supérieure à celle qu'on enregistre au sol. Les pilotes d'avion vous diront qu'il n'est pas rare, pendant les périodes migratoires, de croiser des canards entre 3 000 et 5 000 mètres d'altitude. Des vols d'oies ont même été observés à près de 8 000 mètres !
Les canards parcourent souvent plusieurs centaines de kilomètres par jour. Il semblerait que les pilets d'Alaska détiennent le record : hivernant à Hawaii, ils parcourent 6 000 km sans escale…

QUELQUES VITESSES DE VOL CHEZ LES CANARDS

Sarcelle d'hiver	80 à 110 km/h
Colvert	50 à 80 km/h
Siffleur	60 à 100 km/h
Milouin	50 à 80 km/h
Macreuse	50 à 60 km/h

LA CUISINE EN FÊTE

GROËNLAND

SIBÉRIE OCCIDENTALE

Principaux axes migratoires empruntés par les Anatidés en Europe.

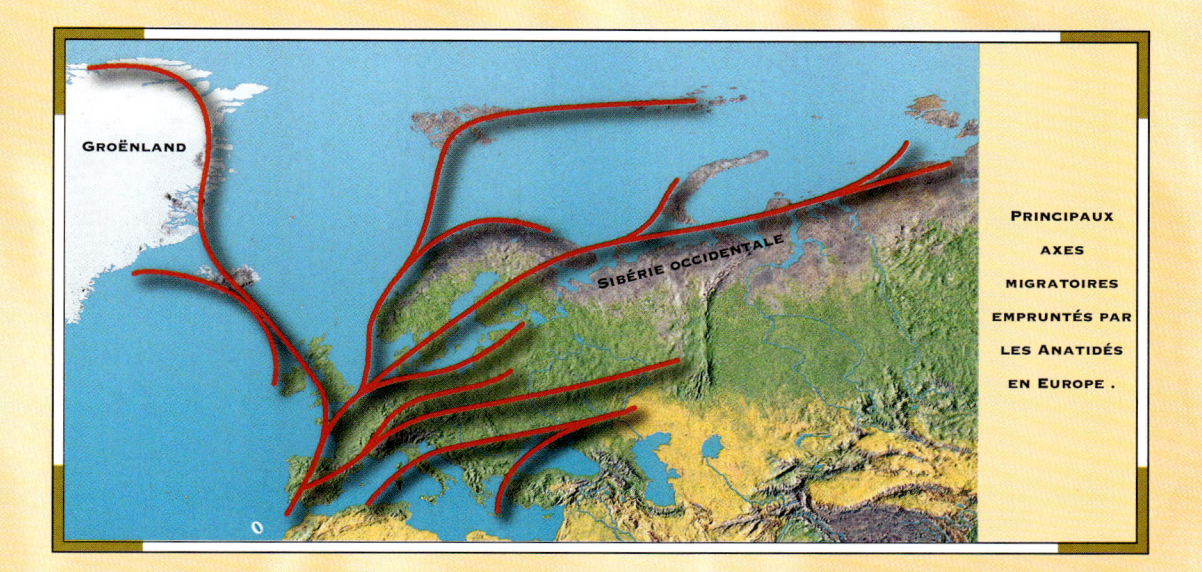

QUESTIONS ? RÉPONSES

D'où vient la saveur particulière du gibier ?
● Elle dépend de son alimentation, donc de son environnement, ce qui explique la variété des goûts. Les baies, le raisin et le genièvre donnent aux oiseaux qui s'en nourrissent une saveur exceptionnelle, alors que le gui et le lierre leur confèrent une certaine amertume. Il faut aussi savoir qu'un gibier qui a été surpris par le chasseur sera bien meilleur qu'un gibier traqué, car la peur déclenche une décharge d'acide urique dans le sang de l'animal.

La viande de gibier est-elle grasse ?
● Elle est en général moins grasse que la viande de consommation courante. En revanche, elle contient plus d'albumine.

Comment prépare-t-on un faisan ?
● Si votre faisan est le cadeau d'un chasseur, suspendez-le par les pattes pendant quelques jours dans un endroit sec, sans l'avoir vidé ni plumé, enveloppé dans un sac à jambon ou dans du papier journal. L'endroit doit être sombre et bien aéré. Si vous vivez en appartement, le bac à légumes du réfrigérateur fera l'affaire, à condition d'éviter de le placer dans un sac en plastique.

Pour un faisan acheté chez un volailler, et si vous êtes incapable de distinguer l'âge et la fraîcheur de la bête, diminuez le temps de conservation. Plumer un faisan est toujours délicat, il faut procéder avec douceur pour ne pas déchirer la peau. Commencez par la poitrine, puis le dos, et enfin les ailes et les cuisses. Bridez la viande comme une volaille.

Comment peut-on préparer des grives ?
● Il existe en Provence une recette traditionnelle particulièrement délicieuse. Après les avoir plumées, et sans les vider, on barde les grives de lard puis on les empile sur une broche qu'on laisse tourner doucement au feu de bois. On dispose sous les oiseaux des tranches de pain grillé pour récupérer le jus qui tombe pendant la cuisson. Cette cuisson doit être lente. Elle doit durer d'une heure à une heure et demie pour arriver à un résultat parfait. Les brochettes de grives comptent parmi les plus grands plaisirs que l'hôte provençal peut offrir à ses invités.

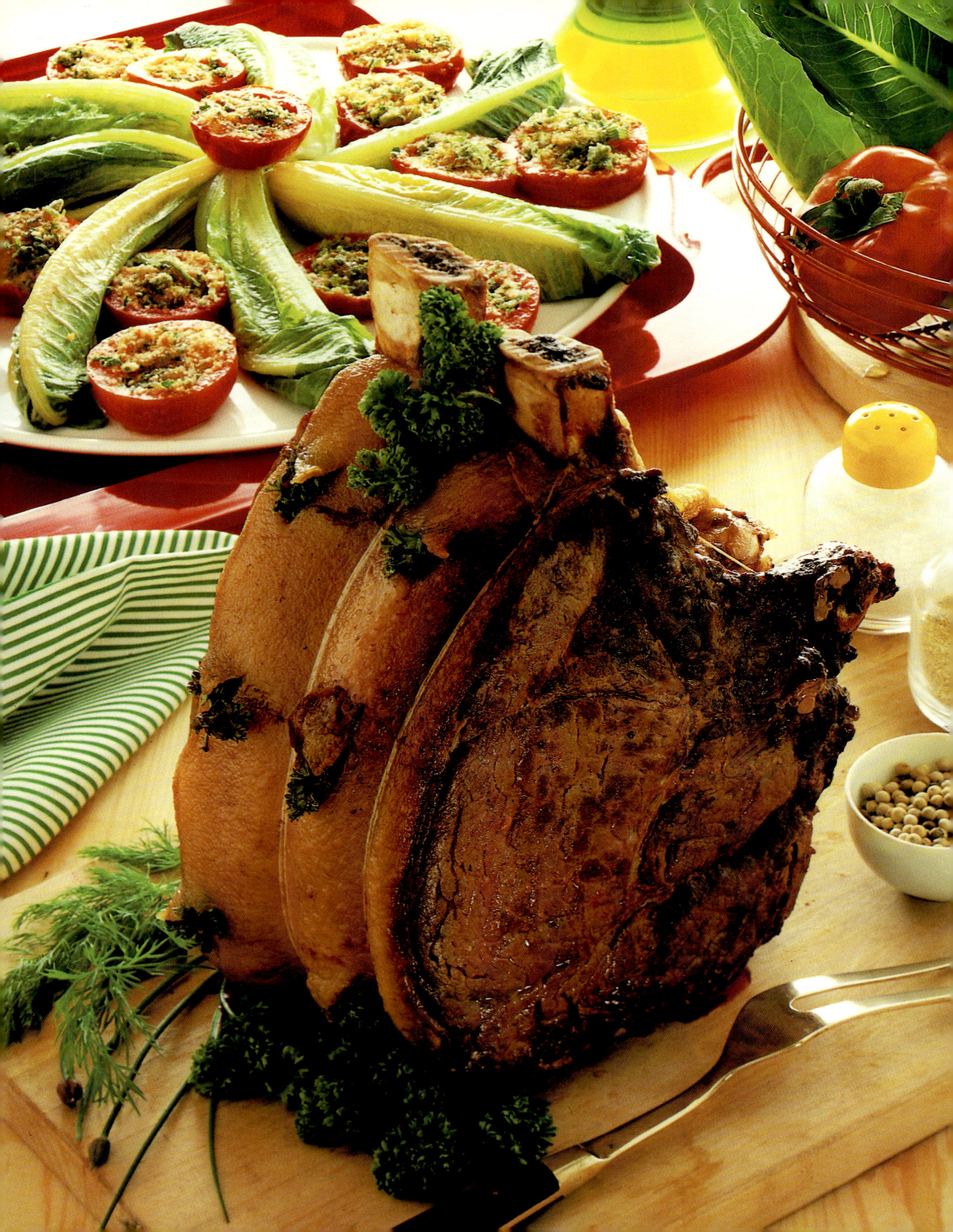

LA CUISINE EN FÊTE

LE BŒUF

La crise de la « vache folle », source de commentaires aussi nombreux que contradictoires, a eu une conséquence positive : les professionnels ont mis en place une meilleure information du consommateur. Encore faut-il apprendre à la déchiffrer. Certaines appellations (charolaise, limousine…) sont largement connues, d'autres nous sont moins familières. Notre propos sera, plutôt qu'une liste qui ne saurait être exhaustive, de présenter nos coups de cœur, des productions régionales répondant à des critères de qualité particulièrement rigoureux.

L'ORIGINE

Les hommes de la Préhistoire immortalisèrent l'ancêtre de nos bovins sur les parois des grottes et bien d'autres témoignages nous révèlent l'importance de cet animal dans les différentes civilisations. Domestiqué au VIIe siècle avant Jésus-Christ en Macédoine et en Turquie, il fut très longtemps un animal vénéré, auquel on attribuait des pouvoirs surnaturels.

Les Égyptiens firent du taureau un animal sacré : le dieu Apis, synonyme de force et de fécondité. Dans la mythologie grecque, Zeus prend la forme d'un taureau pour enlever Europe, tandis que Thésée affronte un monstre mi-homme mi-taureau, le Minotaure, fruit des amours de Pasiphaé et d'un taureau que Poséidon fit surgir de la mer. Chez les Grecs, la viande a une valeur très symbolique puisqu'on ne la consomme qu'après un sacrifice rituel pratiqué par

Fresque du tombeau de Nebamun, à Thèbes (Égypte).

VOIR LES LABELS, PAGE 156.

le « magriros », à la fois boucher et prêtre. Trois siècles avant J.-C., Athénée évoque dans le *Banquet des sophistes* une recette de bœuf à l'ibérienne, que l'on sert bouilli, accommodé d'herbes et d'épices et accompagné de vin doux. On retrouve le taureau dans l'Ancien Testament, où Moïse le place au premier rang des animaux purs. Plus près de nous, au XIe siècle, la coutume veut que l'on promène dans toute la ville, le jour du mardi gras, un bœuf engraissé et orné de fleurs et de rubans pour l'occasion. Au XVIIe siècle enfin, la cuisine du bœuf prend son véritable essor.

AUJOURD'HUI

La viande rouge, comme tous les produits alimentaires, a suivi les changements socio-économiques des populations. Jusqu'aux années 50, elle est synonyme de force, de virilité. Les années 60 voient l'avènement du steak-salade et du steak-frites. Puis, dans les années 70, cette viande est jugée trop grasse, et sa consommation diminue sensiblement.

Les années 80 la remettent à l'honneur… jusqu'à l'apparition des cas de « vaches folles ». Le public découvre alors que certains lobbies agroéconomiques, au nom du rendement et du profit, nourrissent les bovins, purement herbivores, avec de la farine de viande ! La filière bovine française, heureusement bien structurée, réagit rapidement et le sérieux de la majorité des éleveurs parvient à dissiper toutes les inquiétudes suscitées. Les labels, jusque-là peu nombreux, les AOC et les garanties d'origine se généralisent sur les étals des bouchers, permettant au consommateur d'identifier précisément d'où vient la viande et quel traitement elle a subi. C'est l'aspect positif d'une malheureuse aventure orchestrée par quelques apprentis sorciers qui, bien que marginaux, ont failli déstabiliser toute une profession. Un gâchis qui aurait été d'autant plus regrettable que les éleveurs, les vrais, ont réalisé récemment de réels progrès dans la génétique et l'amélioration des races.

Les garanties d'origine se développent sur les étals.

La production

La qualité et la diversité de la viande française sont reconnues dans le monde entier grâce au travail des éleveurs traditionnels et à la richesse des terroirs. Chaque année au Salon de l'agriculture, nos dignes représentants bovins, qui atteignent de 400 à 700 kg, arrivent en tête des races les plus renommées pour leur production de viande. Ces races sont utilisées pour des croisements dans plus de soixante-dix pays. En tout, vingt-trois races environ peuplent prés, collines et coteaux. Elles ont acquis une rusticité exceptionnelle et des particularités liées à chaque terroir.

La commercialisation

Deux circuits sont en place :
• les marchés traditionnels, composés de producteurs et de négociants, souvent installés dans les zones d'élevage ;
• des groupements de producteurs qui négocient directement pour le compte de leurs adhérents avec les abattoirs.

Les abattoirs, maillons capitaux de la chaîne, sont 450 environ, publics ou privés, à traiter l'ensemble de la production, tous placés sous le contrôle de services vétérinaires qui veillent au respect des règles d'hygiène. La modernisation, très rapide pour la plupart d'entre eux, condamne ceux qui ne s'y adaptent pas à disparaître. Les circuits de commercialisation définissent ensuite la découpe, la

Le contrôle sanitaire : un passage obligé.

préparation, la présentation et l'emballage. Une bonne viande doit être conservée plusieurs jours au froid avant sa mise en vente : c'est la maturation, qui conditionne pour beaucoup la tendreté. La découpe peut être faite par des ateliers industriels spécialisés ou par les bouchers.

LES RACES BOVINES

LES RACES BOUCHÈRES

L'élevage des races bouchères est une tradition répandue sur tout le territoire français. Il représente dans certaines régions, comme le Massif central et son pourtour, les Pays de Loire et le Sud-Ouest, l'activité principale des exploitations agricoles. Quatre grandes races bouchères se distinguent : la charolaise, la limousine, la blonde d'Aquitaine et la Maine-Anjou.

LIMOUSINE

CHAROLAISE

MAINE-ANJOU

BLONDE D'AQUITAINE

LES RACES RUSTIQUES

Les races dites rustiques (Salers, Aubrac, Gasconne...) possèdent la capacité de s'adapter aux conditions climatiques difficiles de leurs régions. Elles correspondent parfaitement aux besoins du marché : 75 % de poids de muscles par rapport à la carcasse, une viande très maigre et d'une finesse très particulière. Elles sont aussi utilisées en croisement avec des races bouchères pour améliorer encore les qualités organoleptiques. Certaines bénéficient d'un label, gage de qualité supplémentaire.

SALERS

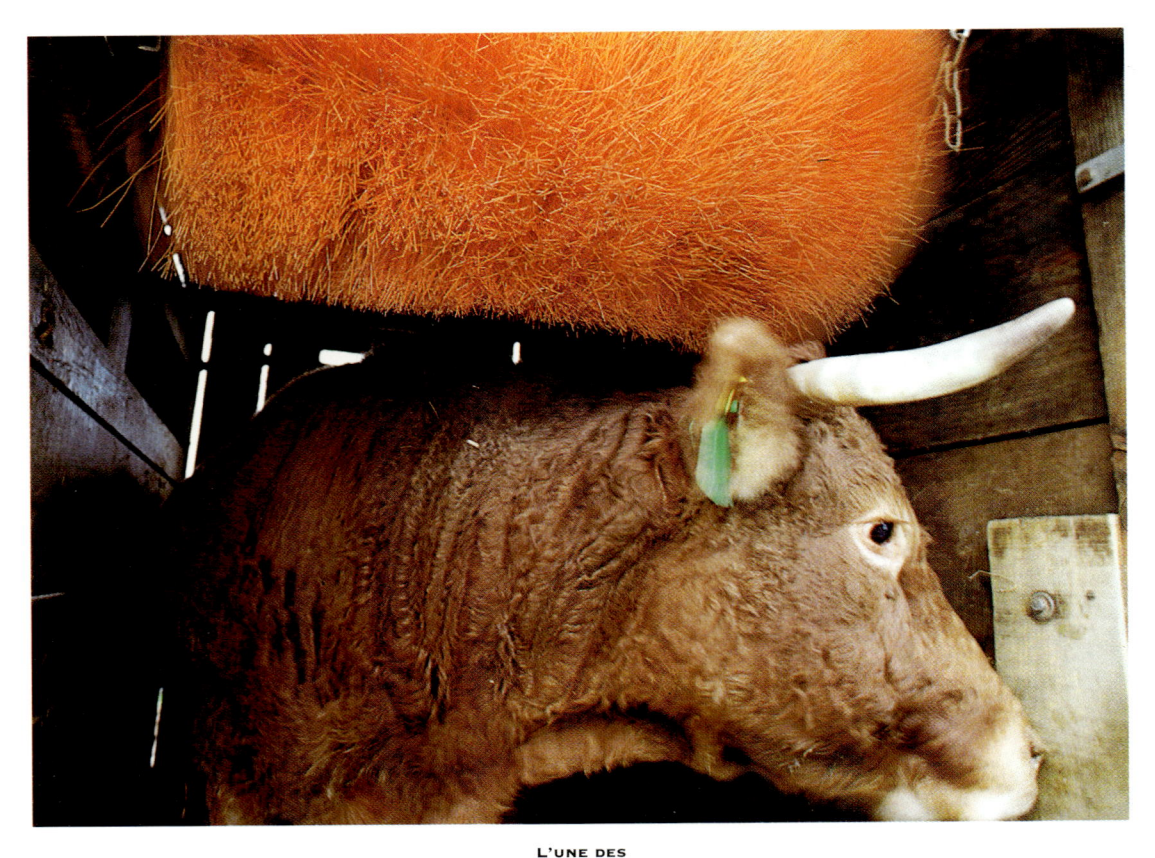

Le bœuf de Coutancie

À 50 km au sud-ouest de Limoges, les frères Dufraisse se consacrent depuis quelques années à une production originale et couronnée de succès. Après de longues recherches, Charles, éleveur, et Bernard-Henri, vétérinaire, ont sélectionné deux races, la limousine et la blonde d'Aquitaine, pour créer leur propre marque, le bœuf de Coutancie. Leurs méthodes s'inspirent quelque peu de celles des éleveurs japonais pour le bœuf de Kobe (la viande la plus chère au monde), mais ils y ont apporté des règles spécifiques, pour améliorer encore la qualité organoleptique de la viande. Les génisses sont d'abord élevées au pré pendant quatre ans, puis elles séjournent

L'UNE DES PARTICULARITÉS DANS L'ÉLEVAGE DU BŒUF DE COUTANCIE : UN MASSAGE QUOTIDIEN.

quelque temps en stabulation libre avant d'être mises dans des box individuels où, pendant trois mois, elles sont massées deux fois par jour et reçoivent une alimentation de qualité... accompagnée de trois litres de bière. Bière et massages, en faisant passer la graisse de couverture dans les muscles, assureront à la viande un goût et un moelleux inimitables.

Les bêtes sont conduites aux établissements Gourault, à Blois, où elles ne sont abattues que deux jours plus tard, pour éliminer le trouble du voyage. Un jury détermine alors si les carcasses correspondent scrupuleusement au cahier des charges avant de leur délivrer l'appellation.

Récemment, les Dufraisse se sont lancés dans une nouvelle production : le bœuf Pleine nature, nourri exclusivement à l'herbe (ce qui peut paraître aller de soi mais n'est pourtant pas une règle générale). Élevé en pâture l'été, ce bœuf, de race limousine, mange pendant l'hiver de l'herbe « enrubannée », c'est-à-dire récoltée au meilleur d'elle-même et conservée sous vide.

Le bœuf de Chalosse

Cette production, encore un peu confidentielle, est heureusement en expansion car le bœuf de Chalosse a une forte personnalité qui mérite d'être découverte.

Au cœur des Landes, la Chalosse est une région verdoyante et vallonnée où l'on cultive le maïs, base alimentaire de la plupart des élevages. L'agriculture a conservé une place importante autour de la vallée de l'Adour. Elle s'y pratique dans de petites et moyennes structures où l'on élève des volailles qui ont largement contribué à la réputation gastronomique des Landes. L'élevage bovin s'est développé à son tour, pour atteindre environ 40 000 vaches reproductrices, dont 25 000 de race allaitante ou bouchère. Ce nouveau débouché économique représente un complément appréciable pour les agriculteurs, soumis à des fluctuations de rentabilité importantes dans leurs différentes activités. Le bœuf de Chalosse est le digne successeur de celui qui, au début

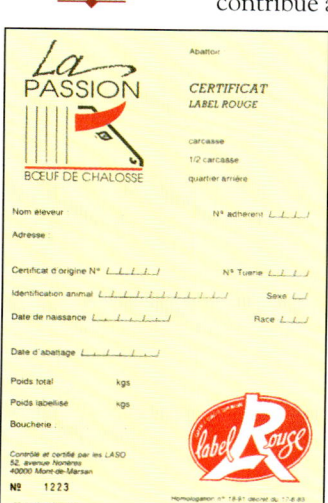

Comice agricole à Montfort-en-Chalosse (Landes).

du siècle, aidait l'homme dans les travaux des champs. Après cinq ou six ans de bons et loyaux services, il prenait un repos bien mérité durant lequel il était généreusement nourri à base de maïs, avant de prendre le chemin de l'abattoir. De nombreux concours avaient alors lieu à Dax, Montfort, Mugron, Habas et Pomarez. Le progrès et la mécanisation ont eu raison de ces animaux qui avaient pratiquement disparu avant que quelques éleveurs renouent avec la tradition, pour notre plus grand plaisir. Les producteurs se sont regroupés en 1989 en une association qui compte plus de 300 adhérents. Elle définit les obligations et les besoins de cette filière (respect d'une charte fixant les spécificités qualitatives du bœuf de Chalosse, développement de la communication et de la promotion…).

Forte d'un troupeau de 4 000 têtes (soit environ 10 % de la production locale) qui produit 500 tonnes de carcasse par an, cette production est dotée d'un label rouge. Une démarche originale et fort sympathique, qui correspond tout à fait à la demande actuelle des consommateurs, soucieux de qualité.

BŒUFS AU PÂTURAGE À LA PLAGNE (SAVOIE).

À DROITE : UNE FOIRE AUX BŒUFS À AUCH (GERS).

LES CATÉGORIES

En réalité, sous l'appellation bœuf (mâle châtré adulte) nous consommons souvent des vaches.
L'appellation « bœuf » regroupe tous les produits issus des races bovines, répartis en deux catégories.

PREMIÈRE CATÉGORIE
Ce sont les morceaux à cuisson rapide, à griller ou à rôtir, essentiellement situés dans les quartiers arrière du bœuf : filet, contre-filet, bifteck (rumsteck, bavette, aiguillette, araignée, hampe, onglet, poire), tournedos, train de côtes, filet mignon, rosbif.

DEUXIÈME ET TROISIÈME CATÉGORIES
Ce sont les morceaux à cuisson lente, à braiser, à sauter ou à bouillir : collier, poitrine, paleron, flanchet, tendron, jarret, culotte.

LES ATOUTS DE LA VIANDE DE BŒUF

En quelques années, une meilleure sélection génétique, des méthodes d'élevage modernes, des techniques d'abattage plus sophistiquées et l'utilisation d'animaux plus jeunes ont permis d'obtenir une viande de très grande qualité. De plus, la viande de bœuf produite aujourd'hui est particulièrement maigre. Les études démontrent qu'en vingt ans certains morceaux sont passés de 30 à 5 % de matière grasse. Cent g de viande rouge ne représentent que 5 à 25 % de la ration conseillée en lipides.

Les protéines qu'elle contient sont d'une qualité exceptionnelle, car riches en acides aminés essentiels. Sa forte contenance en fer héminique, le plus assimilable par le corps humain, en fait un antianémique par excellence. Le bœuf contient aussi un cocktail de vitamines PP et B12. Pour toutes ces substances, 100 g de viande de bœuf couvrent, suivant le morceau consommé, entre 14 et 45 % des apports journaliers conseillés.

LA CUISINE EN FÊTE

CÔTE DE BŒUF DE CHALOSSE GRILLÉE AU JUS D'HUÎTRE ET LAITUE

Alain Dutournier
Carré des Feuillants
14, rue de Castiglione,
75001 Paris

POUR 2 PERSONNES

- *1 côte de bœuf de 800 g bien parée (issue d'un bœuf de Chalosse de quatre ans, dont la viande a été rassise trois semaines en mûrisserie)*
- *50 g de moelle (dégagée de l'os)*
- *4 huîtres creuses bien vertes*
- *1 laitue romaine tendre (découpée en 4 dans le sens de la longueur)*
- *1 échalote grise ciselée et rincée à l'eau*
- *20 brins de ciboulette*
- *2 gros champignons de Paris crus (en saison, une belle tête de cèpe crue)*
- *4 cl d'huile d'olive fruitée*
- *2 cl de vinaigre balsamique (ou vinaigre de vin vieux)*
- *1 cuillère à café de poivre noir mignonnette*
- *1 verre de madiran (ou vin riche et tannique)*
- *1 noix de beurre cru*

1. Laver, tailler en petits dés et citronner légèrement les champignons.

2. Réduire à couvert, et en trois fois, le verre de vin.

3. Laisser dégorger la moelle sous un filet d'eau fraîche, puis la tailler en petits cubes. Blanchir à l'eau salée et rafraîchir.

4. Laver les quartiers de laitue romaine en prenant soin de ne pas détacher les feuilles.

5. Ouvrir les huîtres, les raidir rapidement en les chauffant dans leur eau puis les émincer délicatement. Réserver l'eau de cuisson.

6. Préparer la vinaigrette de la salade en mélangeant le vinaigre, la moitié de l'eau des huîtres, l'huile d'olive, la moitié du poivre, la moitié des champignons et la moitié de l'échalote ciselée.

7. Saler la côte de bœuf, la griller, de préférence sur de belles braises, et quadriller 7 à 8 mm sur chaque face. Laisser reposer la viande cinq bonnes minutes dans une ambiance chaude sur une assiette afin de récupérer le jus.

8. Pendant ce temps, préparer la sauce d'accompagnement : mélanger le vin réduit, le reste de jus d'huître, de champignons, d'échalote et de poivre, la chair des huîtres émincée et les cubes de moelle. Chauffer très rapidement le tout puis, en dehors du feu, ajouter la moitié du jus de cuisson de la viande et une noix de beurre cru pour lier. Rectifier l'assaisonnement et servir en saucière à part.

9. Ajouter l'autre moitié du jus de cuisson de la viande dans la vinaigrette et arroser généreusement les quartiers de salade. Saupoudrer de ciboulette.

10. Trancher la côte de bœuf en biais (six morceaux au maximum). Disposer sur un plat en conservant l'os et en reconstituant la forme de la côte. Donner de généreux tours de moulin à poivre sur la viande.

CÔTE À LA MOELLE AUX PÂTES FRAÎCHES

Jean Ducloux
Restaurant Greuze
71700 Tournus

POUR 2 PERSONNES

- 1 os à moelle
- 1 côte de bœuf de 600 g
- 0,5 l de beaujolais
- 1 carotte
- 1 cuillerée à café de purée de tomates
- 2 échalotes
- 250 g de beurre
- 150 g de pâtes fraîches
- 250 cl de lait
- 1 pincée de poivre concassé
- sel, poivre

1. Faire réduire le vin aux trois quarts dans une petite casserole avec une pincée de poivre concassé, la carotte en julienne, les échalotes hachées et la purée de tomates. Passer cette sauce dans un bol.
2. Faire cuire la côte de bœuf, asaisonnée de sel et de poivre, dans une sauteuse avec 100 g de beurre. La laisser cuire et se colorer doucement pendant 15 mn. L'enlever et la poser sur une assiette au chaud. Verser la sauce dans la sauteuse et fouetter avec 100 g de beurre frais.
3. Cuire la moelle à l'eau salée jusqu'à ce qu'elle se décolle de l'os. La couper en rondelles en la tenant au chaud.
4. Mettre la côte sur le plat de service. Napper de la sauce et dresser les rondelles de moelle autour.
5. Faire cuire les pâtes fraîches dans une petite casserole contenant de l'eau salée et un peu de lait. Égoutter. Mettre un peu de beurre frais et servir à part.

La côte est meilleure cuite à point que trop saignante.

QUESTIONS ? RÉPONSES

QU'EST-CE QU'UNE VIANDE PERSILLÉE ?

● Une viande persillée comporte des petits filaments de graisse. Que vous choisissiez un morceau persillé ou plus maigre, et quel que soit le mode de cuisson, il faut en tout cas conserver la couche de graisse pour que la viande soit moelleuse et savoureuse car c'est la graisse qui, en fondant, lui donne tout son goût.

COMMENT CONSERVER LE BŒUF ?

● La viande de bœuf ne doit en aucun cas être conservée directement dans du papier aluminium ou dans une boîte hermétique. Laissez-la dans le papier d'emballage du boucher ou enveloppez-la dans un film plastique alimentaire avant de la mettre au réfrigérateur.

COMMENT LE FAIRE CUIRE ?

● Si vous la faites au gril, ne piquez pas la viande, elle perdrait une grande partie de sa saveur. Huilez-la au pinceau et saupoudrez le gril de sel.
● Une viande fine, ou une entrecôte, doit être saisie à température très vive. En revanche, une viande épaisse doit cuire progressivement, donc à température modérée.
● Entailler légèrement les bords d'un steak évitera qu'il ne se rétracte à la cuisson.

COMMENT OBTENIR UN RÔTI VRAIMENT TENDRE ?

● Une astuce : en fin de cuisson, enveloppez le rôti dans un papier aluminium et laissez-le reposer quelques minutes au chaud, près de la porte du four ou devant le gril.

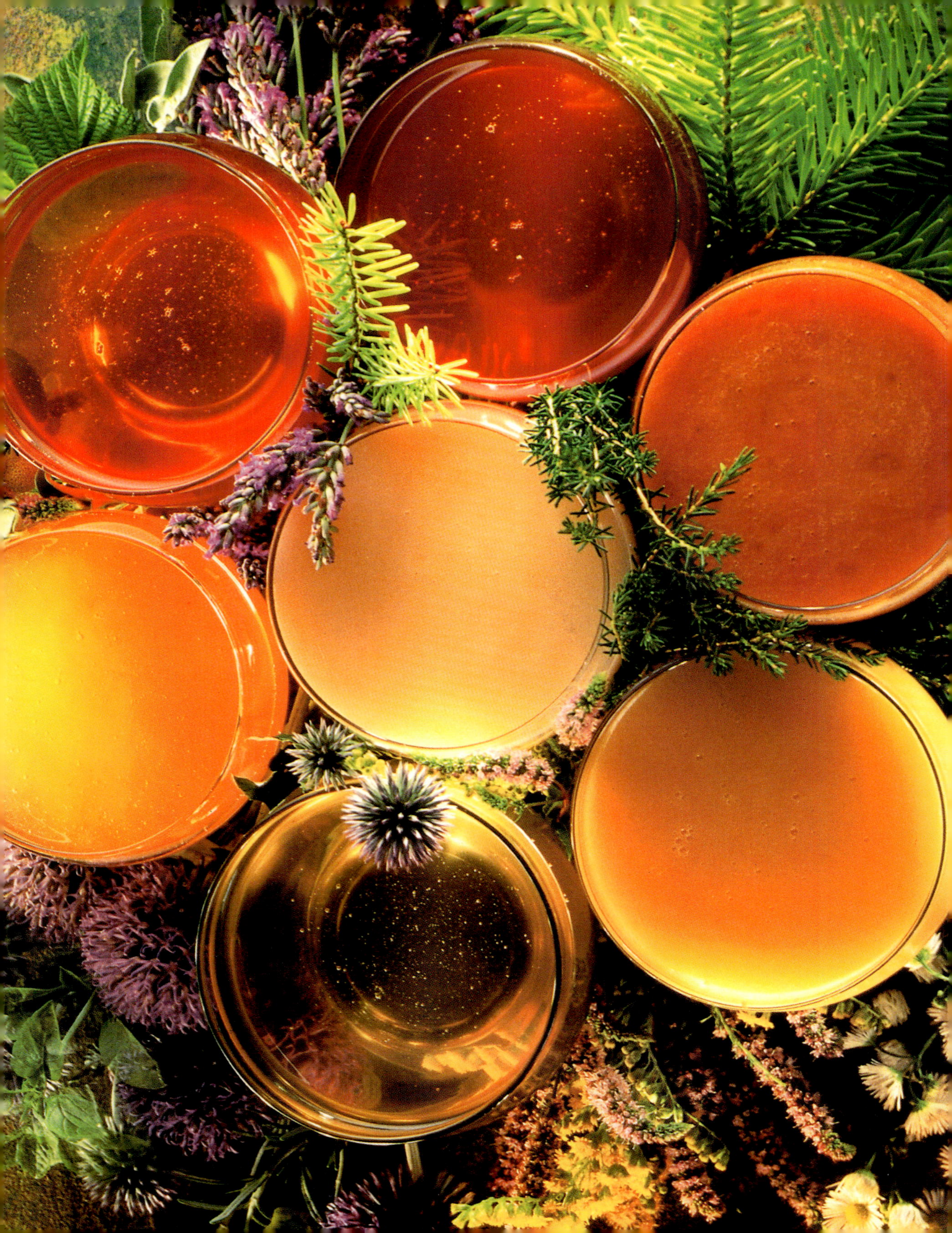

LA CUISINE EN FÊTE

LE MIEL

SYMBOLE DE VOLUPTÉ – QUI N'A RÊVÉ D'UNE LUNE DE MIEL ? – CE « NECTAR DES DIEUX » EST L'UN DES DÉLICES LES PLUS ANCIENS DE NOTRE HISTOIRE : LA PREMIÈRE REPRÉSENTATION CONNUE D'UN APICULTEUR EST UNE PEINTURE RUPESTRE, TROUVÉE EN ESPAGNE PRÈS DE VALENCE, QUI REMONTE À 7 000 ANS AVANT NOTRE ÈRE. C'EST AUSSI L'UN DES PRODUITS LES PLUS NATURELS, RÉCOLTÉ DEPUIS DES MILLÉNAIRES TEL QU'EN LUI-MÊME, SANS AJOUT DE COLORANT NI DE CONSERVATEUR. UN ÉLIXIR AUX MULTIPLES VERTUS QUI, PUR OU EN PRÉPARATIONS, EST SOURCE DE DOUCEURS INFINIES.

L'ORIGINE

C'est en Égypte et en Mésopotamie que l'apiculture vit le jour. Puissamment symbolique, le miel apparaît souvent dans les civilisations comme un aliment initiatique. La légende rapporte que, trois mille ans av. J.-C., le dieu soleil Amon Râ fait naître la fertilité du Nil tandis que ses larmes se changent en abeilles. Les Égyptiens savent utiliser les propriétés désinfectantes du miel pour embaumer les corps des pharaons. Ramsès III en sacrifie trois mille jarres au dieu Nil, l'équivalent de la consommation annuelle du pays.

L'histoire rapporte encore que le corps d'Alexandre le Grand fut ramené en Macédoine dans un cercueil rempli de miel. Les Grecs font du miel la nourriture et la boisson des dieux, l'ambroisie et le nectar, capables de conférer l'immortalité. La mythologie veut d'ailleurs que Zeus, dieu de l'univers, ait été sauvé dans son enfance grâce à un mélange de lait de chèvre et de miel. Les abeilles lui devraient leur couleur

ILLUSTRATION DES « GÉORGIQUES » DE VIRGILE (1517), OUVRAGE ÉCRIT AU 1ᵉʳ SIÈCLE AV. J.-C.

« qu'il changea du sombre en une blondeur dorée » et le don de résister aux intempéries.

Les Mayas fêtaient quant à eux leur dieu abeille deux fois par an, à grand renfort d'hydromel, un alcool obtenu par la fermentation du miel dans de l'eau, et les dieux indiens Vishnu et Krishna seraient nés d'une abeille. Dans le sud de l'Inde, les enfants de sexe mâle sont traditionnellement nourris de miel et de beurre. Dans la coutume hindoue, on enduit la bouche et les sourcils des jeunes mariées pour les rendre plus douces envers leurs époux. Miel et beurre sont encore utilisés pour les baptêmes en Éthiopie et en Égypte.

UN SYMBOLE DE PURETÉ

L'Église romaine reprend à son compte les vertus bénéfiques du miel. En l'an 600, saint Grégoire écrit à propos du baptême : « Lorsque l'Esprit-Saint nous visite, il nous emplit de miel et de beurre. » Et Rome de souligner la virginité de l'abeille,

117

LE MIEL

dont personne n'a pu observer l'accouplement. La cire, produite par ce pur animal, devient sous forme de cierges un instrument de célébration du culte et une activité très lucrative... Lorsqu'un savant polonais décrit l'accouplement d'une abeille et d'un bourdon, en 1771, l'Église le déclare hérétique et tente d'empêcher la publication de ses observations. Il faudra attendre 1950 pour qu'elle reconnaisse l'accouplement des abeilles.

LA RUCHE

Parfait exemple d'organisation militaire, la ruche est structurée selon une discipline rigoureuse. Au plus fort de la saison, elle peut compter entre 50 000 et 70 000 sujets, réunis autour d'une reine dont la seule activité est de pondre. Installée dans une alvéole spacieuse, elle est entourée d'environ 3 000 mâles (ou faux bourdons), 6 000 œufs, 9 000 larves, 20 000 nymphes (larves développées) et 25 000 ouvrières. Ces ouvrières assurent toutes les tâches nécessaires à la vie de la colonie : elles nettoient la ruche, fabriquent et remettent en état les rayons de cire où sont engrangés le miel, le pollen et les œufs, élèvent et alimentent le couvain (œufs, larves et nymphes). Les larves sont nourries les trois premiers jours de gelée royale, puis d'un mélange de nectar, de pollen et d'eau. Grâce à leur aiguillon venimeux, les ouvrières, protègent aussi la ruche contre les prédateurs et, lorsqu'elles atteignent vingt et un jours, s'envolent pour butiner. Leur rayon d'action peut aller jusqu'à 5 km autour de la ruche.

LES RAYONS DE LA RUCHE.

L'abeille commence par récolter le nectar des fleurs pour l'emmagasiner sous son jabot. Puis le nectar sera mélangé à la salive pour devenir du miel. Une abeille peut visiter jusqu'à mille fleurs pour faire le plein de sa réserve. Juste retour des choses, il lui suffit, quand elle a faim, d'ouvrir une petite soupape qui relie le jabot à son intestin. De retour à la ruche, elle restitue son butin à de jeunes ouvrières faisant office de magasiniers. Le butinage joue un rôle important dans la pollinisation (qui permet la fécondation des pistils), et donc dans le maintien de la flore.

La reine

La reine a une emprise totale sur ses sujets grâce à la sécrétion de phéromone, un mélange d'hormones dont la diffusion lui permet de contrôler leur comportement. C'est notamment cette substance qui, en bloquant le développement des ovaires chez les ouvrières, les empêche de pondre. Une reine vit de quatre à cinq ans, et pond quelque 200 000 œufs par an. Elle se nourrit exclusivement de gelée royale.

LA CUISINE EN FÊTE

Une ouvrière récoltant le pollen.

LE VOL NUPTIAL

Comme celui de la mante religieuse, le mariage de la reine des abeilles a quelque chose de tragique. Au mois d'août, la jeune reine vierge s'envole hors de la ruche, poursuivie par l'ensemble des mâles. Seuls cinq ou six, les plus rapides et les plus forts, parviennent à la rattraper et à l'étreindre en plein vol avant de retomber, mutilés, les organes génitaux sectionnés, et de mourir. Les rescapés, devenus des bouches inutiles à nourrir, sont chassés de la ruche par les ouvrières. Ils peuvent alors prendre place dans une autre ruche. C'est là leur seul privilège par rapport aux femelles, qui se font immédiatement refouler si elles tentent de pénétrer dans une ruche étrangère.

Après le vol nuptial, la reine rentre à la ruche avec sa réserve de spermatozoïdes. La poche qui les contient, la spermathèque, sorte de banque de sperme naturelle avant la lettre, lui permettra de pondre durant le restant de sa vie.

L'APICULTURE

Aux ruches naturelles (trous d'arbres, anfractuosités rocheuses...), l'homme a substitué des logis plus confortables et plus rationnels. Le corps de ruche contient les rayons du couvain et les réserves de la colonie. Au-dessus, une « hausse » permet de prélever la récolte grâce à des cadres mobiles constitués de plaques de cire gaufrée, dont les abeilles finissent la construction. C'est le « grenier » à miel.

L'ESSAIMAGE

Ce phénomène naturel se reproduit chaque année dans toutes les colonies. Les apiculteurs mettent au point de nouvelles techniques pour perdre moins

L'APICULTURE, UN ART PRATIQUÉ DEPUIS 9 000 ANS.

d'abeilles en anticipant le phénomène. Aux alentours du mois de mai, ils introduisent une reine sélectionnée dans une colonie et l'essaim, groupé autour de cette reine, quitte la ruche surpeuplée pour intégrer une nouvelle ruche.

LA TRANSHUMANCE

Pour augmenter le nombre des récoltes et diversifier les miels produits, les apiculteurs déplacent régulièrement leurs ruches. Délicat voyage qui se déroule la nuit, lorsque toutes les abeilles sont rentrées, pour réimplanter la ruche dès le lever du jour dans une zone soigneusement sélectionnée en fonction du type de végétation recherchée.

LA CUISINE EN FÊTE

LA RÉCOLTE

Elle a lieu après chaque déplacement lié à la floraison pour les miels monofloraux, et deux fois par an pour les « toutes fleurs » (printemps et été). Le procédé est identique dans les deux cas. L'apiculteur retire les cadres de la ruche et en extrait le miel par centrifugation. Le miel est ensuite filtré et décanté dans une cuve appelée maturateur. On élimine les particules de cire qui sont remontées à la surface, et le miel est mis en pots pour être stocké dans un lieu tempéré.

LE MIEL EN CUISINE

De tout temps, le miel a séduit cuisiniers et gourmands. Avant l'apparition du sucre de canne ou de betterave, il sucrait naturellement les pâtisseries mais, dès la Rome antique, on l'appréciait également en mélange sucré-salé. Les cuisines chinoise et arabe l'utilisent encore fréquemment dans ce sens et, en France, les grands chefs sont de plus en plus nombreux à l'employer comme révélateur de goût.

Avec un jus de citron frais, le miel parfume délicieusement les viandes blanches. Avec un vin de noix, il rehausse la saveur d'un melon. Il s'allie encore parfaitement aux fromages de chèvre frais ou à une salade de fruits. Quant à l'hydromel, « vin de miel » obtenu par fermentation, il se déguste très frais à l'apéritif.

Le miel recueilli sur les cadres de la ruche sera extrait par centrifugation.

Filtré puis décanté, le miel sera enfin prêt.

LES VERTUS DU MIEL

Des tablettes d'argile confectionnées 4 000 ans av. J.-C. en Iraq, ainsi que des papyrus égyptiens datant de 2 000 ans av. J.-C. évoquent déjà les propriétés médicamenteuses du miel. Il possède en effet de nombreuses vertus : il aide à cicatriser les plaies et les brûlures, et à calmer les inflammations des yeux grâce à sa teneur en inhibine, une substance antibiotique. Il a également une action antimicrobienne reconnue sur les affections de la gorge, facilite la digestion, réduit les insomnies et régule le transit intestinal. Antianémique, le miel est l'ami des sportifs qui ont besoin d'un coup de fouet : il apporte 312 calories pour 100 grammes et 77 % de sucres rapides. Il est enfin employé dans la fabrication de produits cosmétiques pour ses propriétés adoucissantes et hydratantes.

LE MIEL

LES À-CÔTÉS

Le miel n'est pas la seule richesse que les apiculteurs récoltent.
D'autres produits tout aussi intéressants dérivent du travail des abeilles.

La gelée royale

La gelée royale est sécrétée – pendant une courte période – par les glandes des jeunes abeilles nourricières pour alimenter les larves qui viennent de naître et la reine. Produite en petite quantité, donc relativement chère, la gelée royale est un excellent fortifiant.

Le pollen

Ce sont les cellules mâles des fleurs, que l'abeille transporte dans de petites corbeilles fixées à ses pattes arrière. Il constitue un complément alimentaire très riche en vitamines (en particulier du groupe B), en acides aminés, en protéines, en carotène, en sels minéraux et en oligo-éléments.

La cire

Sécrétion naturelle permettant aux abeilles de fabriquer les alvéoles de la ruche, la cire est employée dans la fabrication des bougies, de l'encaustique et de certains produits de beauté. Cire, pollen et gelée royale ont en cosmétique des propriétés revitalisantes pour la peau et les cheveux.

La propolis

Cette substance résineuse récoltée par les abeilles sur les bourgeons leur sert à assurer l'étanchéité de la ruche et à la protéger de toute contamination grâce à ses propriétés antibiotiques. Elle entre dans la composition d'antibiotiques et de bactéricides.

Le venin

Les scientifiques étudient actuellement ses propriétés thérapeutiques antirhumatismales.

SAVOIR LIRE UNE ÉTIQUETTE

Une réglementation sévère et claire régit la production. Un décret du ministère de l'Agriculture (du 22 juillet 1976) définit le miel comme une « denrée alimentaire produite par les abeilles mellifiques à partir du nectar des fleurs ou des sécrétions provenant de parties vivantes de plantes ou se trouvant sur elles, qu'elles butinent, transforment, combinent avec des matières spécifiques propres, emmagasinent et laissent mûrir dans les rayons de la ruche. Cette denrée peut être fluide, épaisse ou cristallisée ». Tout ajout de sucre, de conservateur ou de parfum est donc légalement interdit.

Les miels « toutes fleurs »

Appelés aussi multifloraux ou mille fleurs, ce sont des miels auxquels on ne peut attribuer une origine florale dominante. Nés de l'alliance de toute la flore d'un terroir, ils distillent une subtile harmonie d'arômes, différents d'une région à l'autre. Mais, comme un dégustateur de vin parvient à identifier un cépage, un amateur de miel peut, avec un peu d'entraînement, déterminer les parfums qu'il renferme.

Les miels monofloraux ou de « crus »

Obtenus à partir d'une seule variété végétale (90 % au moins), ces miels sont plus rares, et donc un peu plus chers. Chaque plante donne un goût et une texture spécifiques.

Autres mentions

- le poids
- le pays d'origine
- le nom et l'adresse du producteur ou de l'organisme distributeur et conditionneur
- les labels, médailles, récompenses de concours, etc.

CHOISIR SON MIEL

La France bénéficie d'une variété étonnante dans ce domaine grâce à la diversité de ses régions, dont chacune produit des miels d'excellente qualité. Il existe actuellement deux labels rouges en Provence (miel de lavande et miel toutes fleurs) et une AOC pour le miel de sapin des Vosges. Plusieurs régions ont entrepris des démarches pour l'obtention d'une IGP, qui devraient aboutir dans les prochaines années.

Liquide ou solide

La texture du miel n'a aucun rapport avec sa qualité. Tous les miels sont liquides lors de leur extraction. La législation française interdisant de chauffer les produits, leur aspect ne dépend que de leur teneur en glucose : plus ils en contiennent, plus ils durcissent rapidement. Ainsi le miel de trèfle est plus solide que le miel d'acacia.

Si vous souhaitez liquéfier un miel, il suffit de le réchauffer légèrement dans un bain-marie assez doux.

Les utilisations

Miel d'acacia : liquide, clair et doux. Pâtisserie ou préparation aigre-douce, tout lui convient.

Miels de bruyère et de châtaignier : plus sombres, de saveur forte.
Le miel de bruyère se caractérise par une odeur de réglisse et un arôme de caramel. Le miel de châtaignier, légèrement amer, est le roi des saveurs orientales ou épicées. Utilisés dans la fabrication du pain d'épice.

Miels de lavande, de thym et de romarin : clairs et très parfumés.
À consommer nature de préférence. Ils se marient moins bien avec les épices. Utilisés dans la fabrication des nougats de Provence, dont le nougat noir, savoureux mélange de miel et d'amandes faisant partie des treize desserts du Noël provençal traditionnel.

Miel d'oranger : fin et très doux, c'est le roi de la pâtisserie.

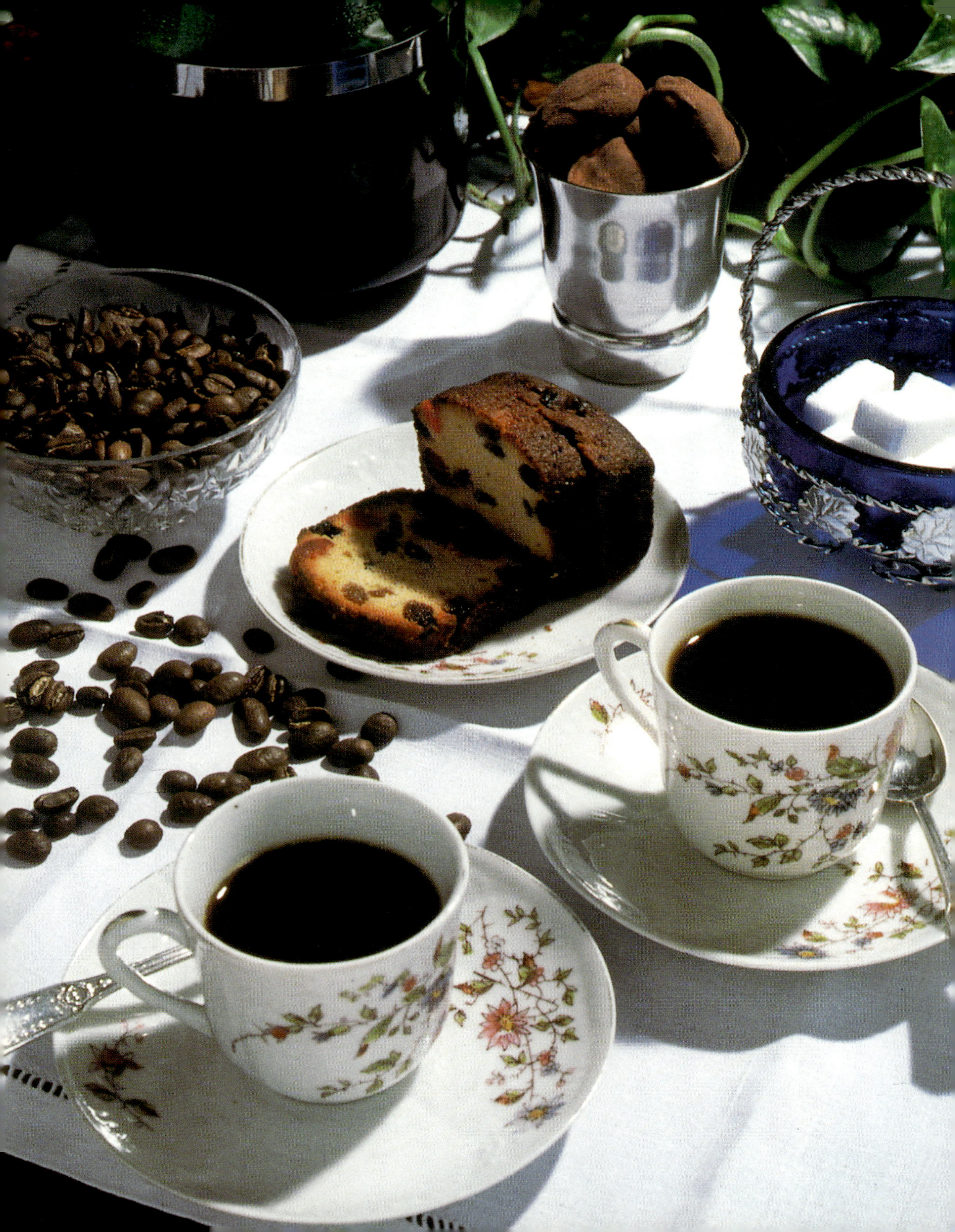

LA CUISINE EN FÊTE

LE CAFÉ

« Ah ! Qu'elle est douce la saveur du café ! Plus douce que mille baisers, plus agréable encore que celle du vin muscat... ». Les amateurs de café ne contrediront pas cet extrait du livret de la « Cantate du café » de Bach. Louis XV savait aussi en apprécier les saveurs, puisqu'il le servait lui-même à ses amis, et cultivait des caféiers à Versailles. Quel gâchis qu'un merveilleux repas qui se termine par un mauvais café. Dernier plaisir de la table, le café se doit de lui faire honneur...

L'ÉTYMOLOGIE

Les linguistes hésitent sur l'origine du mot café, qui viendrait de l'arabe, du persan, du turc ou de l'amharique (langue d'Éthiopie).

Il pourrait s'agir d'une déformation de la Kaaba qui, dans la Grande Mosquée de La Mecque, porte la Pierre noire, objet sacré du monde musulman ; ou bien de « cahouah », désignant en arabe une boisson qui coupe l'appétit, ou de « cohuet », la force et la vigueur. D'après le grand orientaliste du XVIIe siècle Antoine Galland, le mot proviendrait du turc « kahwe », qui signifie rôti. La province de Kaffa, en Éthiopie, berceau du café, a aussi pu lui donner son nom, ou enfin le roi perse Kavus Kai, grand buveur de ce breuvage, qui aurait possédé le don de se libérer de la pesanteur pour s'élever dans le ciel.

LA LÉGENDE

Dans l'Ancien Testament, on trouve au chapitre XVII du Livre de Samuel : « Il y avait du blé, de l'orge, du froment et des graines grillées ». Ces graines grillées,

LES FRUITS DU CAFÉIER SONT ROUGES LORSQU'ILS SONT MÛRS À POINT.

auxquelles l'historien grec Hérodote fait aussi allusion, étaient-elles du café ? On ne peut en être certain. En revanche, dans les légendes du manuscrit d'Abd el-Kader, c'est bien de café qu'il s'agit. On y rapporte qu'au VIIIe siècle, Kaldi, un berger des monts du Yémen, fut intrigué par le comportement de ses chèvres : lorsqu'elles broutaient certaines baies rouges, elles étaient très excitées. Kaldi cueillit quelques-unes de ces baies et les porta au couvent voisin de Chahodet. Le prieur en fit une décoction et la but ; il resta dès lors éveillé pendant les offices et prit l'habitude d'en offrir à ses moines. Plus tard, deux autres moines yéménites, Séraldi et Aydrus, firent leur précieuse cueillette un jour de pluie et, pour la sécher, disposèrent les grains près d'une cheminée où brûlait un bon feu... puis ils les oublièrent. À leur retour, les graines calcinées dégageaient une odeur qui embaumait la pièce. Ils avaient découvert la torréfaction, améliorant de beaucoup le café vert des débuts, difficile à avaler.

125

L'ORIGINE

Le berceau du café se situe aux alentours du lac Victoria, en Afrique. Les Éthiopiens sont les premiers à consommer du café. Ils le torréfient, puis le réduisent en farine qu'il mélangent à du beurre pour en faire des galettes.

Le café a longtemps été considéré uniquement comme un médicament et figure dans de nombreux ouvrages dès le Moyen Age. Au IXe siècle, le médecin perse Rasès l'évoque dans ses écrits, puis, au XIe siècle, dans *Le Canon de la médecine*, le médecin iranien Avicenne en vante les effets bénéfiques sur les systèmes digestif et cardio-vasculaire. Parmi les multiples traces que l'on trouve dans les écrits du monde musulman, l'historien Ahmed Effendi affirme, vers l'an 650 de l'Hégire (1272 de notre ère), que l'on doit sa découverte à un derviche.

Au XVe siècle, le mufti d'Aden (Yémen) découvre le café au cours d'un voyage en Perse. Tombé malade à son retour, il en fait venir, et se rétablit après en avoir bu. Convaincu de devoir sa guérison aux vertus de cette plante, il répand alors la consommation de café parmi les derviches, puis dans toutes les populations d'Aden, de Médine et de La Mecque. C'est de là que le café prend son essor vers tous les pays musulmans. Les pèlerins, découvrant ce curieux breuvage dans la ville sainte, le diffusent au Caire, à Bagdad, à Alexandrie, à Istanbul…

En 1555, deux Syriens, Shems et Heckem, ouvrent le premier débit de café à Damas, dans le quartier de Talchtacalah. Le café devient la boisson nationale et, quelques années plus tard, la ville compte plus de cinq cents débits. L'armée turque et les guerriers de Soliman le Magnifique sont les ambassadeurs de cette boisson au cours de leurs campagnes dans les Balkans, en Europe centrale, en Afrique du Nord et en Espagne. Le marché du café est de plus en plus important, et ce malgré tous les obstacles possibles. Les musulmans interdisent en effet les boissons excitantes, qui détourneraient les fidèles de la prière. Cette boisson noire, proche du charbon, leur paraissant impure, est donc régulièrement interdite puis réhabilitée au fil du temps. L'Église romaine suit le même chemin. Au XVIe siècle les cardinaux se réunissent à Rome pour tenter d'interdire cette « boisson sombre, nous venant du diable ». Elle est sauvée de justesse par l'intervention du pape Clément VIII.

Vendeur de café à Istambul, gravure de Scotin.

LA CONQUÊTE DE L'EUROPE

Le premier Européen à s'intéresser de près au café est un médecin italien, le docteur Alpin, directeur du Jardin des plantes d'Europe à Padoue. Après un séjour au Caire, il décrit le caféier dans son livre *Plantes d'Égypte*, publié à Venise en 1592. On trouve alors du café, en très faibles quantités, chez quelques apothicaires d'Europe sous le nom de « caova ».

En 1644, l'ambassadeur de Turquie, Solima Aga Mustapha Raca, en visite en France, en offre à la cour. La curiosité est éveillée, et le produit est lancé. Vingt ans plus tard, Jean de Laroque introduit le café à Marseille. Les négociants de la ville ont alors l'exclusivité de la distribution pour toute l'Europe de l'Ouest. Tout le café en provenance de Moka, au Yémen, transite par Marseille via Le Caire. Les marchands de vin marseillais, devant la vogue de ce nouveau breuvage qui représente pour eux une forte concurrence, tentent de démontrer les effets néfastes du café avec l'aide de la faculté de médecine. Les travaux d'un chimiste,

LA FEUILLE DU CAFÉIER, GRAVURE.

Sylvestre Dufour, prouvent en 1679 que ces attaques sont sans fondement. La première importation de café des Antilles, en 1730, éveillera pourtant des soupçons : les agents des fermes, ignorant ce qu'est cet étrange produit, saisiront les douze kilos destinés à Georges Roux, un négociant marseillais.

LA PLANTE

Le caféier, qui fait partie de la famille des rubiacées (gardenias, quinquina, garance), présente beaucoup de similitudes avec le jasmin. Lorsqu'au XVIIe siècle, Antoine de Jussieu entreprend la classification de la plante, il l'appelle *jasminum arabicum*. Au XVIIIe siècle, le botaniste suédois Linné poursuit ses travaux, mais la classification actuelle ne sera mise au point qu'en 1940 par Chevalier et Lebrun. Elle comprend

LES DÉBITS

En 1669, l'Arménien Pasquali Haroukian, dit Pascal, ouvre le premier débit de café à Marseille près de la maison des marchands. Il le revend pour tenter sa chance à Paris, où il ouvre le premier débit de la capitale à la foire Saint-Germain, la « Maison du Caoué », qu'il transfère ensuite quai du Louvre face au Pont-Neuf. Il fait hélas faillite et part pour Londres. Les Parisiens doivent alors se contenter du café proposé par les marchands ambulants. En 1686, le Sicilien Francesco Procoppio dei Coltelli, ancien adjoint de Pascal, ouvre un débit de café rue des Fossés-Saint-Germain. Cet établissement luxueux, tapissé de miroirs et de tableaux aux murs, aux tables de marbre, remporte immédiatement un large succès. Ce succès ne s'est d'ailleurs pas démenti, puisque le Procope, le plus ancien café de Paris, existe toujours. La mode du café se répand dans toute l'Europe et en Amérique, toujours de la même façon : ouverture d'un débit dans la capitale, puis dans les autres villes, et enfin consommation domestique. Paris comptait 300 cafés en 1710, 3 000 en 1835, et 15 000 en 1990.

LA SALLE DU PROCOPE VERS 1850.

une soixantaine d'espèces différentes, chacune comportant plusieurs variétés.

Le café pousse aujourd'hui partout dans le monde entre le 38e et le 40e parallèles. Les seules espèces commercialisées sont le *Coffea arabica* et le *Coffea canephora*, plus communément appelé robusta, et leurs sous-espèces. On trouve également, en petite quantité le *liberica* en Afrique tropico-occidentale. Des centaines d'hectares de caféiers ont été détruits au XIXe siècle par l'*Hemileia vastatric*. Le robusta, plus chargé en caféine et en cuivre, y a mieux résisté, sa culture a donc connu une plus grande extension.

UN CAFÉIER D'ENVIRON UN AN.

bout d'un mois. On transfère alors les plantes dans des pots ou des sacs plastiques, où elles se développent pendant six à huit mois. Elles sont plantées à leur emplacement définitif à l'apparition de la sixième paire de feuilles, généralement à l'abri de grands arbres (bananiers, avocatiers, guamos ou acajous) qui leur donnent de l'ombre et maintiennent l'humidité du sol. La première floraison a lieu trois ans après, et la première récolte deux ans après cette floraison.

Il y a en général deux floraisons par an, mais il peut y en avoir jusqu'à huit sous l'effet de la pluviométrie. Le mûrissement du fruit demande six à huit mois. Ces deux cycles très différents amènent le caféier à porter sur un même rameau des fleurs, des drupes vertes, des drupes jaunes (immatures), des drupes rouges

La culture

Comme pour le raisin, le terroir et le climat déterminent des crus très différents d'une région à l'autre. Le caféier craint le gel, le vent et le soleil trop ardent, mais il lui faut un bon éclairement. Le niveau de pluviométrie doit se situer entre 1 200 et 1 500 mm par an. Tous ces paramètres influent sur la qualité finale, produisant des cafés médiocres ou des crus d'exception.

La production annuelle d'un caféier est de l'ordre de 2,5 kg de cerises, donnant 500 g de café vert, qui se transforment en 400 g de café torréfié (50 tasses). Sa durée de vie est de cinquante ans. Ce très faible rendement explique qu'il soit difficile de développer la production.

Les graines sont d'abord plantées en nursery. Au bout de six à huit semaines, des tiges sortent de terre, un peu comme pour les haricots. On les appelle alors des « fosforos », allumettes en espagnol. Les deux premières feuilles apparaissent au

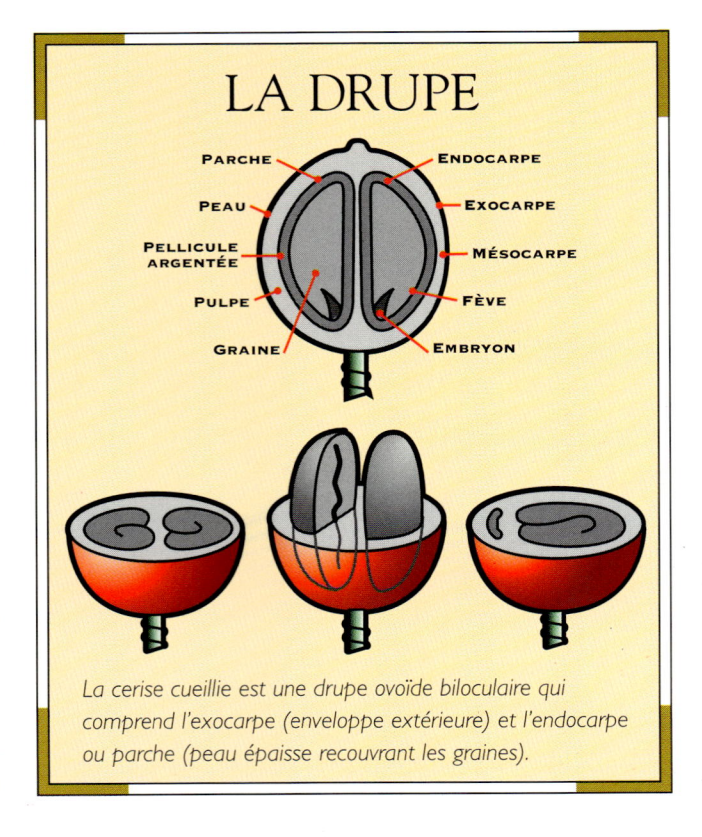

LA DRUPE

PARCHE — ENDOCARPE
PEAU — EXOCARPE
PELLICULE ARGENTÉE — MÉSOCARPE
PULPE — FÈVE
GRAINE — EMBRYON

La cerise cueillie est une drupe ovoïde biloculaire qui comprend l'exocarpe (enveloppe extérieure) et l'endocarpe ou parche (peau épaisse recouvrant les graines).

La cueillette manuelle, dite « picking », donne les meilleurs résultats.

(mûres), et des drupes noires. Cette particularité, que le caféier partage avec l'oranger, ne simplifie pas la cueillette... Dans de nombreux pays, on fait d'ailleurs correspondre la date des vacances scolaires avec celle de la cueillette, pour que les enfants puissent y participer.

LA CUEILLETTE

Différentes méthodes existent, qui sont employées en fonction de la valorisation possible du café.

LE STREPPING

Lorsque la majorité des cerises sont mûres, on ramasse tout : fleurs, fruits verts, fruits mûrs ou trop mûrs. Les graines de café torréfiées seront identiques mais les fruits verts n'ont aucun goût et, trop mûrs, ils donnent des grains à l'odeur et au goût désagréables (les « stinkers »). Cette méthode, pratiquée surtout en Afrique et au Brésil, produit d'assez mauvais résultats.

LE PEIGNE

On passe sur les rameaux un peigne aux dents écartées et souples qui détache les fruits mûrs et laisse en place les feuilles et les cerises vertes.

LE « PICKING »

On passe régulièrement cueillir les fruits mûrs, un à un. Cette méthode est celle qui abîme le moins les caféiers et permet la récolte la plus sélective, mais elle a un inconvénient : elle nécessite évidemment une main-d'œuvre considérable.

LE CAFÉ

MÉTHODE MÉCANIQUE

Il existe deux types de machines : la machine vibrante, qui agite l'arbre et fait tomber les fruits mûrs, et la machine à brosses verticales tournant en sens inverse. Cette méthode est efficace mais détériore considérablement les arbres, arrachant feuilles et fleurs aussi bien que les fruits.

LA TORRÉFACTION

AVANT LA TORRÉFACTION

le café se compose ainsi :
- eau : environ 12 %
- hydrates de carbone (sucres) : environ 17 %
- acides chlorogéniques : 7 à 9 %
- acides aminés (protéines) : 9 à 13 %, précurseurs d'arôme
- acides alipathiques : 1 à 3 %
- lipides, glucides, alcaloïdes, calcium, potassium et cuivre : en petites quantités.

Les drupes de café sont débarrassées des impuretés avant l'extraction des graines.

La torréfaction, qui consiste à griller les grains de café vert, produit une suite de réactions chimiques qui font naître les arômes. On compte trois arômes pour un jus d'orange, il en existe neuf cents pour le café...

TORRÉFACTION TRADITIONNELLE (720 KG/H)

Le torréfacteur est un cylindre rotatif dont la température de chauffe varie entre 100 et 250°C. De puissants souffleurs récupèrent les peaux des grains.

Dans la méthode traditionnelle, la température atteint 190°C en 10 mn environ. Eau et sucres se transforment en caramel, les grains ne contiennent plus que 1 % d'humidité. Les hydrates de carbone et les acides développent alors les

130

arômes, jusqu'à 220°C. Toute l'opération dure une vingtaine de minutes.

D'autres changements interviennent également :
- le café passe du vert au brun foncé, voire au noir (réactions de Stücker) ;
- il perd environ 20 % de son poids, puisque l'eau s'évapore et que les protéines deviennent des protéines grillées;
- le volume augmente (environ 60 %);
- la trigonelline augmente de 12 à 14 % ;
- les graisses et les cires se développent (12 à 16 %) ;
- les sucres diminuent (de 17 à 2 %), et l'amertume augmente donc ;
- les acides diminuent. Plus le café est amer, moins il est acide.

Le pilotage est aujourd'hui électronique mais seul le torréfacteur juge de l'instant exact où il ouvre la trappe qui précipitera le café vers le refroidisseur. Le café est ensuite orienté vers les silos d'emballage.

En Espagne, la méthode est légèrement différente : au dernier moment, les torréfacteurs ajoutent deux ou trois kilos de sucre en poudre qui se caramélise et enveloppe les grains d'une fine pellicule pour compenser l'excès d'amertume.

Torréfaction rapide (1 500 kg/h)

L'air chaud (800°C) est propulsé très violemment et le café est torréfié, pénétré par cette chaleur. L'opération ne dure que de 4 à 10 minutes. Elle convient à des qualités moyennes et courantes.

Contrôle du café avant la mise en sac pour l'exportation (Colombie).

Torréfaction flash ou « High Yield » (4 000 kg/h)

Elle se divise en deux méthodes. Dans la méthode allemande, le café passe dans un cylindre où il est soumis à un véritable cyclone d'air à 800°C. La méthode américaine le fait passer sur des injecteurs.

Dans les deux cas, il est torréfié en moins de 90 secondes. Si le robusta supporte ce traitement, ce n'est pas le cas de l'arabica. Les grains sont alors plus gros qu'en torréfaction traditionnelle.

LE CAFÉ
QUESTIONS ? RÉPONSES

Comment conserver le café ?
● Qu'il soit moulu ou en grains, mettez-le dans une boîte en fer bien hermétique et gardez-le dans le bas du réfrigérateur.

Quel matériel utiliser ?
● Si votre matériel est vétuste, mal entretenu ou mal adapté, c'est l'assurance d'un mauvais café. Les meilleures cafetières sont celles en porcelaine, en terre cuite ou en verre. Elles doivent pouvoir être nettoyées facilement, pour que les dépôts n'altèrent pas les arômes du café suivant.

Quel est le bon dosage ?
● On considère que la dose normale est de 10 g par tasse pour la filtration, 7 g pour l'expresso. Adaptez la mouture au type de matériel que vous utilisez : moyenne ou fine pour un appareil à filtre, très fine ou fine pour un expresso.

Le type d'eau a-t-il une grande importance ?
● La qualité de l'eau est essentielle dans la réussite d'un café. Dans l'idéal, elle ne doit être ni trop chlorée ni trop ozonée, et surtout pas calcaire. Si votre eau courante est calcaire et que vous ne possédez pas de système de filtration, préférez une eau minérale à teneur en calcium minimale. Par ailleurs, faites attention à la température : l'expression « café bouilli, café foutu » est juste. L'eau ne doit jamais dépasser 90/95°C.

Comment le sucrer et l'accompagner ?
● Mieux vaut éviter les sucres roux, les sucres candi et autres sucres en morceaux. L'idéal est le sucre en poudre. Un chocolat noir légèrement amer, qui mettra en valeur saveurs et arômes du café, se révèle être le meilleur accompagnement.

Les Français sont-ils de gros buveurs de café ?
● C'est ce que semblent indiquer les chiffres, puisque neuf adultes sur dix boivent du café : 85 % en boivent tous les jours, 70 % au petit-déjeuner, et 48 % après le déjeuner.

LES MEILLEURS CRUS

Les mélanges varient selon différents critères : l'ancienneté de la récolte, sa saison (avant ou après les moussons)... Selon les pays, la combinaison des divers facteurs obéit à des règles différentes, qui permettent d'adapter le café au goût des consommateurs.

Les critères de qualité
- **La tasse :** couleur de la liqueur obtenue.
- **La saveur :** acide, aigre, amer, ou douceâtre.
- **Le corps :** longueur en bouche.
- **L'arôme :** résultat des nombreux composants nés de la torréfaction.

Les meilleurs crus
- **Brésil (Sul Minas) :** arabica.
- **Colombie (Supremo) :** arabica type bourbon.
- **Costa Rica :** Mondo Nuevo, Volla Sarchi.
- **Guatemala :** bourbon, typica, maragogype (considéré comme les meilleurs maragogypes du monde).
- **Hawaii :** typica.
- **Inde :** Old Chick Kent.
- **Jamaïque (Blue Mountain) :** arabica type typica, en totalité acheté par le Japon (considéré comme le meilleur café du monde), le plus rare et le plus cher.
- **Kenya :** arabica type bourbon et Kent (considéré comme le meilleur arabica d'Afrique).
- **Mexique :** arabica, bourbon et maragogype.
- **Moka, Éthiopie, Sidamo :** arabica.
- **Salvador :** bourbon, arabigo, pacas.
- **Venezuela (Táchira, Mérida, Maracaïbo) :** arabica type bourbon Mondo Nuevo.

CHOISIR SON CAFÉ

Les variétés

L'arabica

C'est un café doux, suave, parfumé, fruité, souvent acidulé. Sa teneur en caféine est comprise entre 0,8 et 1,7 %. L'arabica pousse entre 800 et 1 500 mètres d'altitude, 2 000 mètres au maximum. Plus l'altitude est haute, meilleur sera le café, car les fèves mettent plus longtemps à mûrir. À l'état naturel, un arbre mesure entre 5 et 6 mètres. L'arabica est autogamme (il se reproduit par autofécondation), et comprend 44 chromosomes. Son prix est nettement supérieur à celui du robusta.

Le robusta

Café corsé, puissant et tonique, sans beaucoup d'arôme, il contient 1,5 à 4 % de caféine. Le robusta pousse en plaine, à moins de 500 mètres d'altitude. À l'état naturel, les arbres mesurent entre 10 et 12 mètres. Pour faciliter la culture, on les étête à 3 mètres. Ces caféiers sont allogammes, c'est-à-dire qu'ils ont besoin d'un pollen différent du leur pour se reproduire. Ils ont 22 chromosomes, et leurs grains contiennent beaucoup plus d'acides chlorogéniques que l'arabica. Ils contiennent également du cuivre.

Les présentations

Le café en grains

L'idéal est le sachet à valve monodirectionnelle, qui laisse échapper les gaz mais interdit toute entrée d'air. Cette méthode dite sous vide permet un ensachage immédiat après la torréfaction.
Un café en grains mis à l'air libre s'oxyde en 15 à 20 jours.

Le café moulu

L'idéal est le sous vide en boîte. Moudre soi-même son café exige un bon moulin, pour éviter une surchauffe ou la production d'une poussière qui peut troubler le liquide ; 90 % du café est aujourd'hui vendu moulu. Les méthodes industrielles sont parfaitement maîtrisées.
Un café moulu mis à l'air libre s'oxyde en 5 jours.

Le café soluble

Il est obtenu à partir de café liquide très concentré, refroidi et séché à froid (procédé de lyophilisation) ou à chaud (procédé de pulvérisation).

Le décaféiné

La caféine est extraite par deux méthodes : avec des solvants très volatils ou par un filtrage aux charbons actifs. Dans les deux cas, il ne reste alors que 0,02 à 0,05 % de caféine, mais le goût et l'arôme ne sont pas modifiés. Le décaféiné représente 8 % du café consommé.

Le café à la Turque.

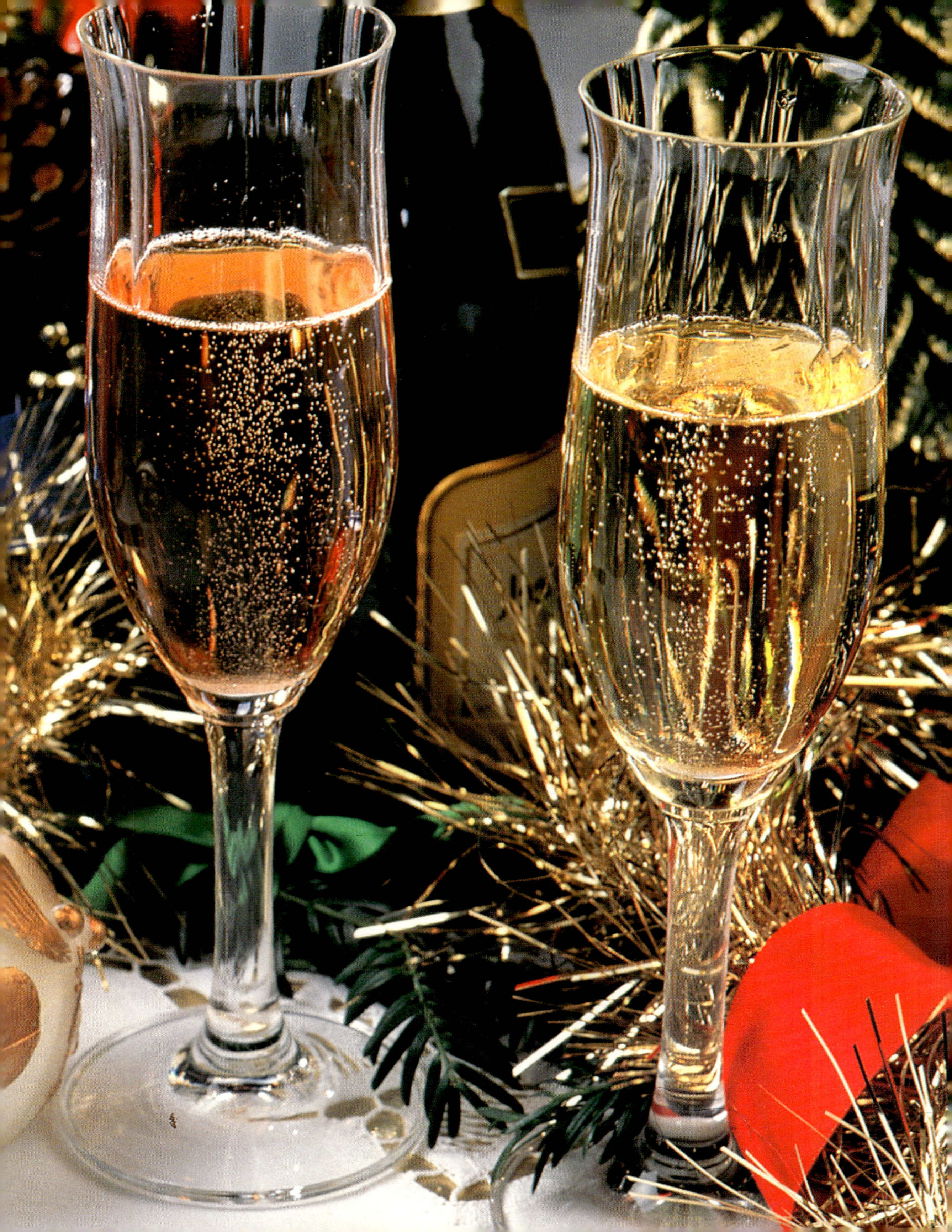

LA CUISINE EN FÊTE

LE CHAMPAGNE

Pour édifier Reims, métropole de la Gaule Belgique, on creusa aux alentours de vastes carrières. Certaines abritent aujourd'hui les caves de maisons produisant ce prestigieux breuvage, dont Reims et Épernay sont les deux capitales. Symbole universel du raffinement et de l'élégance, image de fête, de joie partagée, le champagne a l'art de mettre en scène les grands événements de nos vies. Voltaire l'a dit : « De ce vin frais l'écume pétillante, de nos Français est l'image vivante ».

L'ORIGINE

On a retrouvé dans la région de Sézanne des feuilles fossilisées attestant la présence de la vigne en Champagne à l'ère tertiaire. C'est l'unique témoignage de ce genre dans l'hexagone. Après s'être perdus dans la nuit des temps, les vignobles réapparurent entre le IIIe et le Ve siècle après J.-C., vraisemblablement dans le sillage des vignes implantées par les Grecs et les Romains dans le Sud de la France.

Le testament de saint Rémi, évêque de Reims au Ve siècle, fait référence à la culture de la vigne champenoise. Les chroniques rapportent d'ailleurs qu'il aurait offert à Clovis, roi des Francs en guerre contre le Wisigoth Alaric, un baril de vin brut censé lui assurer l'invincibilité tant qu'il ne serait pas vide.

Durant les siècles suivants, les moines étendirent le vignoble pour leur consommation personnelle et fournir le vin de messe, mais aussi pour subvenir à leurs besoins : ils vendaient leur production

VIGNOBLES DE LA MONTAGNE DE REIMS (VILLE-DOMMANGE).

aux voyageurs et aux citadins des alentours. Parallèlement, une viticulture laïque apparut, d'abord apanage de la noblesse. Au Xe siècle, la vigne s'étend autour de Reims et de Vitry-le-François et, dans une moindre mesure, autour d'Épernay. Le transport du vin vers Paris et la Normandie se fait par voie d'eau, la Marne ; puis la mer prend le relais pour la Flandre, la Hollande et l'Angleterre.

À partir du XIIe siècle, les grandes routes aménagées pour l'accès aux foires de Champagne intensifient la diffusion et la renommée de ce vin. Un vin qui ne ressemblait guère à celui que nous apprécions aujourd'hui. Les Champenois s'acharnaient alors, sans succès, à contenir son effervescence naturelle, à maintenir sa limpidité et à dompter ses caprices.

L'apparition d'une viticulture populaire et enfin, au XIIIe siècle, des « tenures à vinage » (concessions à perpétuité d'une terre, à charge de la planter en vigne et de reverser une redevance annuelle – en vin, bien sûr) développent encore la surface cultivée. Puis la guerre de Cent Ans dévaste la région, et il faut attendre le milieu du XVe siècle pour que, après le départ des Bourguignons et des Anglais, les vignerons champenois puissent enfin réparer les dégâts et reprendre leurs activités.

Reims devient alors le centre du commerce des vins de Champagne, dont la réputation rayonne en France comme à l'étranger. Leur consommation est encore réservée aux grands du royaume, et Reims en reçoit beaucoup, puisque les sacres des rois s'y déroulent depuis le IXe siècle. La mode du vin de Champagne rouge qui, grâce à François Ier, s'est emparé de la cour de France, connaît une vogue croissante dans les cours royales et impériales.

PLAQUE DE RUE À HAUTVILLERS ET ROSACE DE NOTRE-DAME (XIIIe SIÈCLE).

LA NAISSANCE DU CHAMPAGNE

Le champagne naît réellement pendant la seconde moitié du XVIIe siècle. On commence alors à produire un vin blanc par pressurage de raisin noir à chair incolore (appelé vin gris), et Dom Pérignon, procureur de l'abbaye bénédictine d'Hautvillers de 1668 à 1715, découvre enfin l'art de l'assemblage des raisins. À la fin du XVIIe siècle, les techniques du remuage et du dégorgement se généralisent : on produit délibérément un vin de Champagne effervescent.

On découvre par ailleurs que le vin voyage mieux en bouteilles qu'en tonneaux. Lorsque la fermentation ne s'est pas achevée, elle reprend sous l'effet de la chaleur ambiante dans la bouteille, produisant du gaz carbonique.

En 1728, un arrêt royal autorise le transport du champagne en panières de cinquante à cent bouteilles. L'année suivante apparaissent les premières maisons de champagne.

Mais les troubles de la Révolution et des guerres d'Empire affaiblissent nettement la prospérité des vignerons : le nombre de concessions viticoles diminue d'un tiers. En 1870, c'est une nouvelle invasion, puis en 1890 l'épidémie de phylloxéra détruit en grande partie le vignoble, qui sera reconstitué par des greffes de plants américains.

Pourtant, le XIXe siècle voit des progrès considérables dans la vinification. Cadet de Vaux et François, pharmacien à Châlons-sur-Marne, étudient le dosage de sucre nécessaire à la prise de mousse, tandis que Maumené et Pasteur mènent des recherches sur les levures. La qualité devient une préoccupation constante : on cherche à obtenir un vin d'une parfaite limpidité, à la mousse régulière et persistante. On renforce le verre des bouteilles pour qu'elles résistent à la pression du gaz et les premières machines à ficeler les bouchons apparaissent en 1870. Entre la fin de l'Empire et la guerre de

Les caves où s'opère le mystère (Épernay).

1870, le commerce s'est organisé. La production annuelle passe de six millions de bouteilles en 1845 à onze millions en 1861, dix-sept millions en 1870, pour approcher des trente millions à la fin du siècle. En 1882, un syndicat du commerce de champagne se crée.

Le XXᵉ siècle

En 1908, les vignerons et les négociants obtiennent la délimitation d'une zone de production donnant droit à l'appellation champagne. La « Champagne délimitée » est née, bientôt source de conflits. En 1910 et 1911, des révoltes de vignerons éclatent. La Chambre des députés vote alors des mesures donnant toute sa valeur à l'appellation mais l'Aube, qui n'est pas dans la zone d'appellation, reprend la lutte, tandis que la Marne veut défendre son privilège. Un compromis est enfin trouvé.

En 1927, une loi établit les nouvelles limites de l'appellation champagne (qui incluent l'Aube), et définit les cépages et les systèmes de taille autorisés, les conditions de la récolte, les règles de manipulation du vin, ainsi que la méthode de fermentation naturelle. En 1941 naît le Comité Interprofessionnel du Vin de Champagne (C.I.V.C.), organisme semi-public chargé de veiller aux intérêts des professionnels et de faire respecter la loi de 1927.

Mais les deux guerres mondiales et, entre temps, la crise économique des années trente, ont ravagé la région. En

1945, 40 % des vignes qui existaient en 1914 ont disparu, et celles qui subsistent sont en piteux état. La plupart des bâtiments ont été détruits, les stocks pillés. Une réorganisation complète s'impose.

La vigne en « foule » (non ordonnée) est remplacée par une plantation en lignes. Cela facilite la tâche des tracteurs enjambeurs, inventés en Champagne dans les années cinquante. Parallèlement, le mouvement coopératif, créé dans les années 1920, connaît un fort développement.

Aujourd'hui, le tirage, le dégorgement, le dosage, le bouchage et l'habillage se font automatiquement sur chaînes. L'évolution des ventes a suivi cette mécanisation : de 40 millions de cols en 1910, on passe à 100 millions en 1971, 250 millions en 1990 et 247 millions en 1995. La consommation française s'est elle-même beaucoup développée et représente aujourd'hui les deux tiers de la production.

LE TRACTEUR ENJAMBEUR SERT AUSSI À TRAITER LA VIGNE.

LA CHAMPAGNE DÉLIMITÉE

Le vignoble champenois occupe le vaste bassin d'une mer intérieure qui s'est asséchée il y a 70 millions d'années, laissant un épais sédiment crayeux. Les racines des vignes pénètrent souvent jusqu'à dix ou vingt mètres sous terre. C'est ce qui fait la spécificité du champagne. Le climat, septentrional et continental, bénéficie des effluves marines normandes qui lui assurent une température annuelle moyenne de 10°C. En-dessous d'une moyenne de 9°C, le raisin ne peut pas mûrir.

La Champagne délimitée comprend plus de 15 000 vignerons exploitants, et 140 coopératives. Les zones d'appellation s'inscrivent dans une zone de 35 000 hectares, dont 31 000 plantés.

- **La Montagne de Reims :** collines à faible relief entre Reims et Épernay. Elle produit des vins qui ont du corps, de la vigueur et une excellente charpente.
- **La vallée de la Marne :** de Tours-sur-Marne jusqu'au-delà de Dormans. Ses vins sont fruités et bouquetés.
- **La Côte des Blancs :** à l'est d'Épernay. On y trouve le chardonnay, un cépage réputé pour l'extrême finesse et la légèreté de son vin.

LE FAMEUX CÉPAGE CHARDONNAY À MATURITÉ.

- **La Côte des Bars :** le vignoble de l'Aube, autour de Bar-sur-Aube.

Vient s'ajouter pour chaque village une cotation selon la qualité des raisins.

LES MAISONS DE CHAMPAGNE

Au cours des dix dernières années, l'importance des capitaux nécessaires à cette activité a provoqué des regroupements et des développements spectaculaires. Sept grandes maisons réalisent 70 % du chiffre d'affaires global, soit plus de 500 millions de francs annuels. Le reste se répartit pour 25 % entre une vingtaine d'entreprises de taille moyenne, et pour 5 % entre soixante-dix petites entreprises.

L'ÉLABORATION

Les vendanges se déroulent entre fin septembre et début octobre, selon un rendement redéfini, chaque année, par un arrêté ministériel.

PRESSURAGE ET VINIFICATION

4 000 kg de raisins homogènes sont pressés, séparément, par cru, pour obtenir d'abord 20,5 hectolitres de « vin de cuvée » puis, à la deuxième serre, 4,1 hectolitres de vin de « première taille » et à la troisième serre 2,05 hectolitres de vin de « seconde taille ». Les pressoirs doivent être agréés selon les textes en vigueur. Ces volumes sont vinifiés, toujours par cru, le plus souvent dans des cuves en inox, qui garantissent une parfaite neutralité ou, plus rarement, en tonneaux.

LE PRESSURAGE, PREMIÈRE OPÉRATION D'UNE LONGUE CHAÎNE.

L'AOC CHAMPAGNE

Elle définit le terroir, les règles de culture de la vigne et l'élaboration du vin. C'est un patrimoine collectif et une protection pour les producteurs. Pour le consommateur, elle garantit qualité et authenticité du produit.

CÉPAGES AUTORISÉS

Le chardonnay, raisin blanc qui couvre 27 % de la surface.
Le pinot noir et le pinot meunier, raisins noirs à jus blanc, qui représentent 73 % des vignes cultivées.

VIGNES

La hauteur, l'espacement et la densité des vignes sont réglementés par un texte de 1978.
La taille doit être courte (entre 0,50 et 0,60 m). Un rendement maximum à l'hectare est établi.

ÉLABORATION

Le rendement maximum au pressurage est de 102 litres pour 160 kg de raisins.
Un degré alcoométrique est fixé chaque année.
Tout autre vin est exclu des locaux où s'élabore le champagne, et seule la méthode champenoise peut être utilisée. La conservation en bouteille avant commercialisation doit durer au minimum un an.

Assemblage et fermentation

C'est généralement en janvier qu'ont lieu les opérations les plus importantes : l'analyse et la dégustation du contenu des cuves. Le chef de maison et les œnologues fixent alors les proportions de l'assemblage, travail délicat qui déterminera la saveur de chaque champagne.

Au printemps, le vin est tiré et mis en bouteille. Il se produit alors une deuxième fermentation, favorisée par une très faible addition de levures sélectionnées. Le gaz naturel créé par cette fermentation s'intègre progressivement au vin, qui devient effervescent et forme un dépôt (c'est la prise de mousse).

Le vieillissement se fera ensuite dans l'obscurité des caves, à température et hygrométrie constantes, pendant au moins un an, et trois ans pour les champagnes millésimés.

Remuage et bouchage

Après plusieurs semaines, on procède au « remuage », qui éliminera le dépôt. Cette opération, lente et délicate, peut se faire manuellement sur pupitre, ou mécaniquement. Elle consiste à tourner les bouteilles de 1/8 de tour chaque jour, le goulot incliné vers le bas, pour que le dépôt descende petit à petit vers la capsule de bouchage provisoire. Le col de la bouteille passe ensuite dans un bain de saumure qui a pour effet de congeler le dépôt. On peut alors retourner la bouteille, ôter le bouchon et, sous la pression naturelle, expulser le dépôt pris dans un bloc de glace (c'est le dégorgement). Le volume correspondant est remplacé par du vin de la même cuvée, auquel on ajoute une dose de liqueur d'expédition, selon la variété de champagne à obtenir (c'est le dosage). Puis vient le bouchage, réalisé à l'aide de bouchons de liège d'une qualité exceptionnelle portant la mention « champagne », qui seront maintenus par un muselet de fil de fer torsadé. La bouteille est enfin prête pour l'habillage.

La dégustation, qui permet de déterminer les assemblages.

Le remuage et le dégorgement.

LA CUISINE EN FÊTE

VIGNOBLES DE LA CÔTE DES BLANCS ET DE LA MONTAGNE DE REIMS (PINOT NOIR).

CHOISIR SON CHAMPAGNE

Brut ou sec ?

Champagne brut « sans année »
Il correspond à un assemblage de plusieurs cépages d'années différentes. Il se boit en toutes occasions, mais se marie particulièrement bien avec le foie gras, la choucroute et les viandes fumées.

Champagne millésimé
Il est élaboré à partir d'un assemblage de cépages différents de la même année de récolte. Il s'assortit parfaitement avec les viandes rouges, les volailles, les gibiers, les plats en sauce et les fromages. Si on sert plusieurs millésimes, il faut toujours commencer par les plus jeunes.

Champagnes secs et demi-secs
Plus doux, ce sont les partenaires idéaux des desserts.

Les types

Blancs de blancs
Élaborés à partir de chardonnay, ils conviennent à toutes les circonstances, mais ont des affinités particulières avec le homard et les poissons fumés ou grillés.

Blancs de noirs
Ils sont obtenus à partir de cépages noirs (pinot noir et/ou pinot meunier). À boire avec le faisan, la bécasse, les volailles, le pot-au-feu et les champignons.

Rosés
Souvent millésimés, ils sont le plus souvent fabriqués par assemblage de vins blancs issus de cépages et de crus différents avec des raisins rouges de Champagne d'appellation « coteaux champenois ». Ils peuvent aussi résulter d'une vinification en rosé par macération de raisins noirs (pinot noir et/ou pinot meunier). Le rosé convient bien à l'apéritif, ou pour accompagner un plat de langouste ou d'agneau.

Grand cru et premier cru
Ces mentions indiquent que les raisins utilisés proviennent d'une ou plusieurs communes répondant au classement requis. Elles doivent figurer sur tous les documents relatifs aux raisins et aux vins, ce qui permet de contrôler tout au long de la chaîne l'authenticité de l'appellation, par comparaison avec les quantités produites dans chaque commune. Si la production vient d'un seul lieu, le nom de la commune peut suivre le terme grand cru ou premier cru. Un premier cru contient entre 90 et 99 % de crus classés, un grand cru, 100 %.

Les têtes de cuvée
Ce sont des produits exceptionnels que les marques élaborent avec le plus grand soin pour le plaisir des consommateurs, et pour leur propre réputation. Elles réservent généralement de grands moments.

Les contenants
- **Huitième :** 9,4 cl
- **Quart :** 18,75 et 20 cl
- **Demi-bouteille :** 37,5 cl
- **Bouteille :** 75 cl
- **Magnum :** 2 bouteilles (1,5 l)
- **Jéroboam :** 4 bouteilles (3 l)
- **Réhoboam :** 6 bouteilles (4,5 l)
- **Mathusalem :** 8 bouteilles (6 l)
- **Salmanazar :** 12 bouteilles (9 l)
- **Balthazar :** 16 bouteilles (12 l)
- **Nabuchodonosor :** 20 bouteilles (15 l)

LA CUISINE EN FÊTE

QUESTIONS ? RÉPONSES

Comment conserver le champagne ?
● Le champagne n'aime ni l'air ni la lumière. Stockez-le dans un endroit sombre où la température est constante, entre 12° et 15°C. Il est conseillé d'attendre un an avant de le boire.

À quelle température le servir ?
● Bien frais mais pas glacé. Un champagne jeune se sert à 8°C, mature ou millésimé, mieux vaut le servir à 10°C. Placez-le dans la partie basse du réfrigérateur au moins trois ou quatre heures avant la consommation. Proscrivez le congélateur. Si vous utilisez un seau à glace, laissez-le 15 à 20 mn dans un mélange de glace et d'eau.

Comment éviter le « boum » du bouchon ?
● Retirez le muselet. Maintenez le bouchon et faites tourner la bouteille, penchée à 45°, en la tenant par le bas. C'est la bouteille qui doit tourner autour du bouchon, non l'inverse. Les gaz s'échappent ainsi lentement et poussent progressivement le bouchon.

Quel verre choisir ?
● Son volume et sa hauteur doivent être suffisants pour laisser aux bulles la place de se développer et permettre à la température de rester aussi constante que possible. La flûte est idéale. Évitez la coupe.

La finesse du verre a un rôle important, car elle favorise les sensations gustatives. Rincez-le à l'eau chaude, sans produit. Les résidus de produit lavant ou de rinçage peuvent empêcher la formation des bulles, qui doivent être fines et monter régulièrement.

Doit-on remplir le verre ?
● Ne versez d'abord qu'un doigt et un peu de mousse, puis remplissez les verres aux deux tiers seulement pour permettre aux arômes de se développer. L'odorat est aussi important que le goût !

Que penser du truc de la petite cuillère ?
● La légende voulant qu'une petite cuillère glissée dans le goulot permet de conserver une bouteille entamée est sans aucun fondement. Préférez un bouchon spécifique.

SAVOIR LIRE UNE ÉTIQUETTE

Mentions obligatoires

L'appellation champagne

La marque *(nom de la maison ou du vigneron qui a mis le vin en bouteille)*

La contenance

Le titre alcoométrique du vin

La teneur en sucre résiduel

Brut	Extra-dry	Sec	Demi-sec
15 g	12 à 20 g	17 à 35 g	35 à 50 g

La commune de l'élaborateur

Le pays

Mentions facultatives

Les lettres *permettant d'identifier le professionnel qui vend la bouteille :*

RM : *récoltant manipulant (élabore et vend lui-même le vin de sa propriété)*

CM : *coopérative de manipulation*

NM : *négociant manipulateur (élabore et commercialise le vin)*

MA : *marque auxiliaire (commerçant distributeur). Ces lettres sont suivies d'un chiffre qui est le numéro d'identification de la marque et de l'élaborateur.*

Les spécificités : *c'est-à-dire le type de vin (blanc de blanc, blanc de noir ou rosé), et éventuellement le millésime.*

Le nom de l'élaborateur

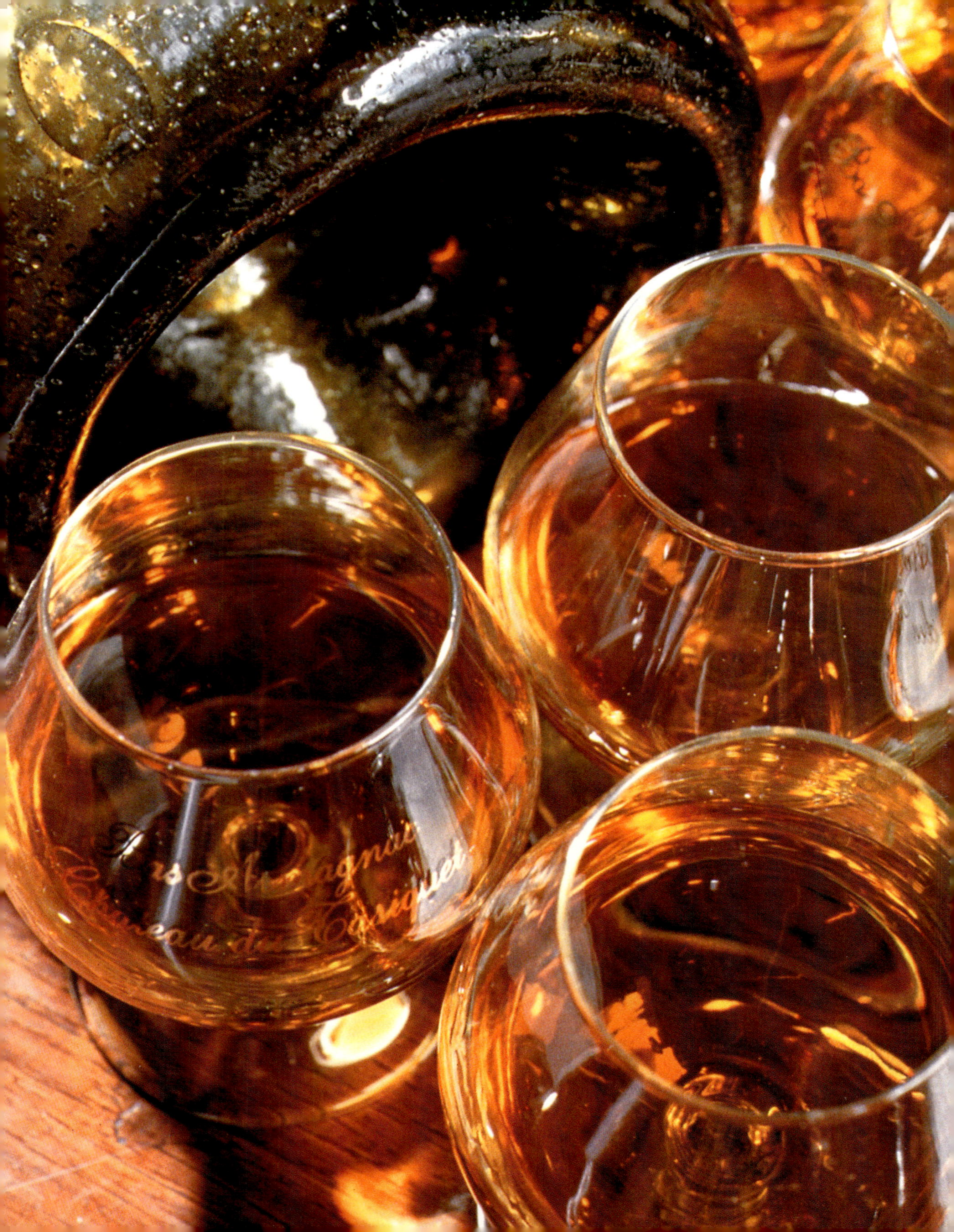

LA CUISINE EN FÊTE

COGNAC & ARMAGNAC

La distillation fut introduite en Occident par les Arabes, qui nous léguèrent également le terme « al ambîq ». Les vignerons de Saintonge et d'Armagnac découvrirent, eux, l'art de transformer leurs vins en breuvages ambrés, grâce à l'alchimie entre le bois et l'eau-de-vie. Les premières traces de consommation d'eau-de-vie en Europe remontent au XIVe siècle, et l'armagnac est produit en Gascogne depuis le début du XVe siècle, entre océan, Pyrénées et forêt landaise. Des origines à nos jours, voici l'histoire de ces eaux-de-vie aux reflets d'or...

LE COGNAC

L'ORIGINE

Le vignoble saintongeais fut créé dès le IIIe siècle, lorsque l'empereur romain Probus étendit à toute la Gaule le privilège de cultiver la vigne et l'art du vin. C'est au XIIe siècle qu'il se développe fortement en Poitou, sous l'impulsion du duc de Guyenne et comte de Poitiers, Guillaume X. Dès cette époque, les bateaux qui viennent faire provision de sel en Saintonge quittent La Rochelle chargés des vins du Poitou et des Charentes pour les transporter dans de nombreux pays, principalement la Hollande, l'Angleterre et la Scandinavie. Cognac se distingue déjà par son dynamisme.

Au XVIe siècle, ce sont les crus de Champagne et des Borderies qui sont

Les vignes à Bourg-Charentes.

ainsi diffusés. Les vignobles d'Aunis (nord-ouest de la Charente-Maritime actuelle) ont une production importante, mais leur qualité et leur degré alcoolique sont assez faibles. De plus, ce vin supporte mal le transport. Les Hollandais ont alors l'idée de l'employer pour alimenter une activité nouvelle : la distillerie, le transformant en un « vin brûlé », le *brandewijn*.

LA NAISSANCE DU COGNAC

Au XVIIe siècle, on importe les premiers alambics de Hollande. Le vin est désormais transformé en eau-de-vie dans la région même. Bientôt, les Français améliorent le procédé en inventant la double distillation. Ils découvrent également par hasard, grâce à des retards dans le chargement des bateaux, que l'alcool se bonifie en vieillissant dans les fûts de chêne. L'aventure du cognac commence réellement.

Le marché s'organise au cours du XVIIIe siècle : des comptoirs s'implantent dans les principales villes de la région et l'exportation se développe, avec la Hollande bien sûr, mais aussi avec l'Angleterre et l'Europe du Nord, puis avec l'Amérique et l'Extrême Orient.

Au XIXe siècle, de nombreuses maisons de commerce apparaissent, et les exportations en fûts et en bouteilles augmentent encore. D'autres activités naissent dans ce sillage : verreries, caisseries, fabriques de bouchons, imprimeries.

Le vignoble charentais couvre à cette époque près de 280 000 hectares. Mais la majeure partie sera détruite par l'épidémie de phylloxéra qui l'atteint vers 1875.

En 1893, 40 000 hectares seulement en ont réchappé. Comme dans toutes les régions viticoles, le vignoble se reconstruit lentement, grâce à des plants américains. S'il ne retrouve pas sa superficie initiale, les rendements s'améliorent, et la mise en place d'une réglementation régulant les différents stades de fabrication permet de préserver la notoriété grandissante du cognac.

Les cépages

Ils sont exclusivement blancs. L'ugni blanc, la folle blanche et le colombard représentent à eux trois 90 % des cépages utilisés. Le reste se partage entre le blanc ramé (meslier Saint-François), le jurançon blanc, le montils, le sémillon et le sélect. La prédominance de l'ugni blanc, à maturité tardive et qui oppose une bonne résistance aux maladies, donne un vin à faible teneur en alcool et au taux d'acidité important.

Les vignobles de Grande Champagne.

LE «PARADIS», LES CHAIS OÙ SONT CONSERVÉS LES PLUS VIEUX ALCOOLS.

LA LÉGISLATION

L'aire de production du cognac est délimitée par un décret de 1909. Elle comprend la Charente-Maritime, une grande partie de la Charente et quelques communes des Deux-Sèvres et de Dordogne.

La taille de la vigne n'est pas réglementée mais son écartement doit être de 3 mètres. La vinification doit être naturelle : elle exclut toute addition de sucre, et l'utilisation du pressoir continu à vis d'Archimède, trop puissant, est interdit.

La distillation se fait selon une méthode spécifique au cognac, en deux temps, et uniquement dans l'aire de production. Ce procédé par « brouillis » et « repasse » se fait dans un alambic de cuivre dont la capacité ne doit pas dépasser 30 hectolitres. Elle doit intervenir avant le 31 mars suivant la récolte. Le titre alcoométrique de distillation peut atteindre 72°. En revanche, le cognac doit être commercialisé à 40° ; il faut donc procéder à une réduction progressive par addition d'eau distillée ou d'eau-de-vie de très faible degré.

Le vieillissement se fait uniquement dans des fûts de chêne du Limousin ou du Tronçais (Allier), et doit durer au moins trente mois. En fonction du type de cognac commercialisé, chaque composant de l'assemblage doit répondre à un âge minimum.

Toutes ces opérations se déroulent sous le contrôle du Bureau national interprofessionnel du cognac.

LA DISTILLATION

Aujourd'hui, les viticulteurs utilisent beaucoup les machines à vendanger.

Immédiatement après les vendanges, en octobre, le pressurage des grappes s'effectue dans des pressoirs traditionnels horizontaux à plateaux ou dans des pressoirs pneumatiques. Le jus est ensuite mis à fermenter. Après trois semaines de fermentation, on obtient un vin titrant 8°, très acide et peu agréable à la consommation.

L'alcool est le produit de la fermentation des sucres existants à l'état naturel dans les fruits sous forme de glucose et de levulose. L'alcool se trouvant associé à de nombreux autres composants, il faut l'en isoler. C'est le principe de la distillation, basé sur les différences de volatilité de ces différents composants.

Pour le cognac, on ne distille que des vins blancs récoltés dans la zone délimitée. La distillation s'effectue en deux chauffes dans un alambic charentais. Sa forme est caractéristique : une chaudière chauffée à feu nu, surmontée d'un chapiteau en forme de tête de maure, d'olive ou d'oignon, prolongé par un bec de cygne qui se transforme en serpentin et traverse un bassin réfrigérant, la « pipe ».

Le vin non filtré est introduit dans la chaudière et porté à ébullition. Les vapeurs alcooliques s'accumulent dans le chapiteau, s'engagent dans le col de cygne puis dans le serpentin. Au contact du réfrigérant, elles se condensent puis s'écoulent sous forme d'un « brouillis » liquide, légèrement trouble, qui titre entre 27 et 30°.

Le brouillis est versé dans la chaudière pour une deuxième distillation, la « bonne chauffe ».

Les premières vapeurs, appelées « têtes », très riches en alcool, sont écartées (1 à 2 % du volume). Vient ensuite le « cœur », une eau-de-vie claire et limpide qui titre environ 72°. C'est elle qui donnera le cognac. Enfin, le distillateur élimine les « secondes », lorsque l'alcoomètre indique 60°. Têtes et secondes sont redistillées avec le vin ou avec le brouillis suivants.

Le cycle de distillation dure vingt-quatre heures (l'hiver, les distillateurs travaillent jour et nuit). Il fait l'objet d'une très grande surveillance. Courbes de température, proportion de lies distillées, recyclage des têtes et des secondes... tous ces paramètres influent sur la personnalité du cognac obtenu.

LE VIEILLISSEMENT

La mise en fûts de chêne opère une mystérieuse alchimie entre les tanins du bois et l'eau-de-vie. C'est ce mariage, durant de longues années, qui fera toute la qualité du cognac. Les fûts, qui contiennent entre 270 et 450 litres, sont stockés dans des chais, où l'humidité naturelle contribue à l'harmonie de la maturation. La porosité du bois permet à l'eau-de-vie d'avoir un contact indirect avec l'air

PRESSURAGE ET MESURE DE L'ALCOOMÉTRIE.

LA CUISINE EN FÊTE

COGNAC & ARMAGNAC

L'heure de vérité : la dégustation.

ambiant. L'eau-de-vie extraie du bois une matière (les « extraits secs ») qui lui donnera sa belle couleur. Avec le temps, ce passage du bois vers l'eau-de-vie provoque la formation du « rancio » qui développe le bouquet du cognac.

L'évolution du vieillissement comprend trois phases principales : l'extraction, la dégradation ou hydrolyse, et l'oxydation. Lorsqu'il est arrivé à maturité, on transfère le cognac dans de très vieux fûts de chêne puis dans des bonbonnes, où il se conservera sans se modifier davantage.

Durant le vieillissement, le cognac subit une forte évaporation, joliment appelée la « part des anges », qui représente plus de vingt millions de bouteilles par an ! Ces vapeurs d'alcool nourrissent un champignon microscopique qui noircit pierres et toits. On reconnaît ainsi les chais à leurs tuiles noircies.

L'ÂGE D'UN COGNAC

Il ne correspond pas à sa date de mise en fût, mais à sa durée de vieillissement. Un cognac qui a vieilli en fût entre 1930 et 1940 (dix ans d'âge) est donc plus jeune qu'un cognac de la récolte 1950 mis en bouteille en 1980 (30 ans d'âge). On considère généralement que les meilleurs cognacs sont ceux qui ont quarante ans d'âge. Les assemblages sont souvent effectués avec des eaux-de-vie dont l'âge est bien supérieur aux normes obligatoires.

LES APPELLATIONS

LES TROIS APPELLATIONS SONT :
Cognac, Eau-de-vie de Cognac et Eau-de-vie de Charente.

LES SIX SOUS-APPELLATIONS CORRESPONDENT AUX CRUS :

GRANDE CHAMPAGNE OU GRANDE FINE CHAMPAGNE : *eaux-de-vie 100 % Grande Champagne*

PETITE CHAMPAGNE OU PETITE FINE CHAMPAGNE : *eaux-de-vie ou 100 % Petite Champagne*

FINE CHAMPAGNE : *assemblage d'eaux-de-vie de Grande et Petite Champagne comportant au moins 50 % de Grande Champagne*

BORDERIES OU FINES BORDERIES : *eaux-de-vie 100 % Borderies*

FINS BOIS OU FINE FINS BOIS : *eaux-de-vie 100 % Fins Bois*

BONS BOIS OU FINE BONS BOIS : *eaux-de-vie 100 % Bons Bois*

LA CUISINE EN FÊTE

L'ARMAGNAC

L'origine

Au cœur du « país » gascon, plein de saveurs et de panache, l'armagnac raconte une longue histoire. La vigne introduite par les Romains s'y acclimate à merveille et les vins du cru s'exportent dès le haut Moyen Age par la Garonne et par l'Adour. Au tout début du XVe siècle, des textes mentionnent la distillation de ces vins de la contrée. La production et le négoce de l'armagnac s'intensifient au XVIIe siècle sous l'impulsion des Hollandais. Dès lors, on apprend à faire vieillir dans des tonneaux de chêne de Gascogne les eaux-de-vie qui gagnent ainsi en qualité, apparaissent à la table du roi et se font connaître jusqu'en Amérique. L'essor se poursuit au XIXe siècle, mais cet âge d'or connaît un brutal coup d'arrêt avec la crise du phylloxéra. Aujourd'hui, l'armagnac est un alcool de grande tradition, indissociable de son terroir.

Le vignoble

Les cépages, très anciens, doivent leur maintien à des vignerons désireux de perpétuer un savoir-faire séculaire. L'ugni blanc, qui apporte de la finesse, et le baco, très aromatique, sont les cépages les plus

VIGNES DU GERS.

151

importants. Sont également utilisés la folle blanche (ou picpoul), le meslier Saint-François, le colombard, le plant de Grèce, la blanquette et la clairette. Chaque cépage possède ses particularités, et bon nombre d'entre eux ne s'épanouiront que dans la distillation de ce fameux armagnac. Un savant dosage s'opère entre les cépages donnant le côté aromatique, qui font d'excellents vins blancs (colombard, blanquette, clairette), d'autres plus

Pressoir à l'ancienne (Eauze).

Vendanges traditionnelles en Gascogne.

adaptés aux vins dits « de chaudière » parce que moins aromatiques, et enfin ceux qui, de précocité moyenne, donnent des vins de faible degré et très acides.

Deux types de taille se pratiquent en Armagnac : la taille basse, à faible rendement, et la taille haute, à rendement plus élevé. On utilise plus particulièrement la taille haute, qui favorise l'acidité du jus de raisin. Cette méthode est en outre mieux adaptée à préserver la vigne des gelées de printemps.

Les vendanges en Armagnac restent particulières. On transporte le raisin dans des comportes (cuves en bois) pour qu'il ne s'écrase pas, et on le foule au pressoir pour éviter toute oxydation. Après la récolte vient le schéma de vinification classique : foulage, pressurage, mise en cuve de fermentation. Le vin est conservé sur lie jusqu'à distillation, sans soufrage (ajout de soufre) ni soutirage (opération de transvasement qui permet de séparer le vin des lies et de le réoxygéner).

La distillation

La campagne de distillation débute au lendemain des vendanges et se termine au 30 avril de l'année suivante. Deux méthodes sont autorisées. L'alambic à repasse de type charentais, qui est le même que celui utilisé pour le cognac, donne des eaux-de-vie très fines mais moins marquées par le terroir.

L'alambic armagnacais dit à jet continu, mis au point au XIXe siècle, est plus rapide, plus productif, mais également plus délicat d'utilisation. Ce mode de distillation traditionnelle donne des eaux-de-vie plus typées, titrant entre 52° et 70°, fougueuses mais pleines d'arômes, que le vieillissement viendra affiner.

Distillation et mesure de l'alcoométrie.

Le vieillissement

Comme le cognac, l'armagnac exige un long vieillissement, qui peut durer plusieurs décennies. L'armagnac issu du procédé charentais doit être commercialisé à 40 ou 45°. Il est réduit par addition d'eau distillée ou d'eau de vie à très faible degré. Celui qui vient de la distillation continue, à un titre d'alcool moins élevé, peut être vendu non réduit. Le vieillissement se fait dans des fûts de 400 litres, fabriqués dans le cœur de chênes centenaires, les chênes noirs des forêts gasconnes, qui donnent au breuvage sa couleur d'ambre. C'est seulement quand l'armagnac est descendu à 40° que le maître de chais peut commencer les coupes, c'est-à-dire les mélanges d'eaux-de-vie d'âge et d'origine différents, qui permettent d'obtenir un armagnac de qualité régulière.

Chais de vieillissement.

LES AOC DU COGNAC

La région délimitée est d'une grande diversité géographique : sols crayeux en Champagne, terres rougeâtres, pierreuses, vallées verdoyantes, coteaux, marais... Elle bénéficie de plus, grâce à l'influence océanique, d'une juste pluviosité et d'une température moyenne de 13,5°. Cette diversité et cette douceur font la richesse des parfums du cognac. Le vignoble compte environ 80 000 hectares, exploités par 15 000 viticulteurs. L'aire d'appellation regroupe six crus, définis par un décret en 1938, et donne lieu à trois appellations de cognac et à six sous-appellations.

Grande Champagne
Superficie totale du vignoble : 35 700 ha.
Vignoble cognac : 13 000 ha.
Sol calcaire, riche en carbonate de chaux.
Eaux-de-vie très fines, légères, au bouquet à dominante florale, demandant un long vieillissement en fûts pour acquérir leur pleine maturité.

Petite Champagne
Superficie totale du vignoble : 68 400 ha.
Vignoble cognac : 16 000 ha.
Sol calcaire. Couche moins compacte qu'en Grande Champagne, subissant à l'ouest du cru l'influence océanique.
Mêmes caractéristiques que les cognacs de Grande Champagne, sans atteindre toutefois leur extrême finesse.

Borderies
Superficie totale du vignoble : 13 440 ha.
Vignoble cognac : 4 000 ha.
Situé au nord de Cognac, ce cru de petite superficie bénéficie d'un micro-climat.
Excellents cognacs, fins, bouquetés, au parfum de violette. Ils atteignent une qualité optimale après un temps de vieillissement plus court que ceux de Grande Champagne.

Fins Bois
Superficie totale du vignoble : 354 200 ha.
Vignoble cognac : 33 000 ha.
Situé autour des trois premiers. Sous-sol de calcaire dur.
Eaux-de-vie rondes, souples, qui vieillissent assez rapidement et dont le bouquet rappelle le raisin pressé.

Bons Bois
Superficie totale du vignoble : 386 600 ha.
Vignoble cognac : 12 000 ha.
Vaste ceinture autour des Fins Bois. Terre argileuse, pauvre en calcaire et sous influence océanique.
Eau-de-vie plus raide en bouche, qui vieillit rapidement.

Bois à terroir
Superficie totale du vignoble : 274 176 ha.
Vignoble cognac : 1 700 ha.
Le long du littoral et sur les îles d'Oléron et de Ré.
Goût de terroir très caractéristique et vieillissement très rapide.

Les indications de qualité

Cognac VS ou 3 étoiles : fait à partir d'une eau-de-vie de moins de quatre ans et demi.
Cognac VSOP (Very Superior Old Pale) ou Réserve : fait à partir d'une eau-de-vie de quatre ans et demi à six ans et demi.
Cognac Napoléon, XO, Hors d'âge : plus de six ans et demi.

LA DÉGUSTATION

Le cognac se sert dans un verre un peu haut et évasé, l'armagnac dans un verre tulipe.
Après avoir observé la couleur, la robe, et avoir fait pleurer l'armagnac sur les parois du verre, on passe au sens olfactif. Le verre pris entre les deux mains, pour le réchauffer légèrement et mieux conserver les parfums, on hume d'abord les arômes de la surface, puis on agite le verre pour casser l'eau-de-vie et laisser tous les parfums se développer.
La première gorgée est importante : bouche close, on mâche pour tapisser les papilles.
Cela permet d'éviter l'agression de l'alcool sur les muqueuses. Puis on avale lentement, et on savoure.

VERRE À COGNAC.

VERRE À ARMAGNAC.

L'AOC ARMAGNAC

L'AIRE DE PRODUCTION DE L'ARMAGNAC COMPREND TROIS ZONES ET TROIS APPELLATIONS.

BAS ARMAGNAC (à l'ouest)
Sol sablonneux, relativement plat.
Saveurs complexes, armagnac gras, rond, et très aromatique.

TÉNARÈZE (au centre)
Zone intermédiaire au sol érodé argilo-calcaire.
Armagnac fort, qui acquiert avec le temps des saveurs fleuries.

HAUT ARMAGNAC (à l'est et au sud)
Sol très calcaire.
Sauf exceptions rares, est utilisé pour les coupes bas de gamme.

* **ON DISTINGUE PARFOIS UNE QUATRIÈME APPELLATION, NON OFFICIELLE :**
le Grand Bas Armagnac, considéré comme le meilleur par les spécialistes.

LES LABELS

L'importance des labels

La plupart des consommateurs optent aujourd'hui pour la qualité plutôt que pour la quantité, et tous cherchent à s'informer sur ce qu'ils mettent dans leur assiette. Beaucoup de producteurs ont déjà mis en place des signes de reconnaissance forts, identifiant précisément l'origine de leur produit. D'autres ont encore des efforts à faire...
Tous les produits alimentaires sont assujettis au contrôle des services de la répression des fraudes et des services vétérinaires. Certains labels apportent une garantie de qualité supplémentaire.

Le label rouge

C'est le seul signe officiel qui garantisse une qualité supérieure à la moyenne. Il est largement utilisé dans les volailles mais il concerne aussi certaines charcuteries, viandes, fromages, légumes, fruits, céréales, huîtres, saumons et miels.
Pour chaque catégorie de produits, un cahier des charges précise les exigences auxquelles doivent répondre toutes les étapes de la production. Ces cahiers des charges sont vérifiés par la commission nationale des labels et des certifications (C.N.L.C.) qui, depuis 1994, remet de l'ordre dans un secteur qui partait à la dérive. Un produit sous label rouge bénéficie donc à juste titre d'un a priori favorable.

• **Des labels régionaux obéissent à des cahiers des charges spécifiques :**
Ardennes, Centre-Val-de-Loire-Berry, Franche-Comté, Lorraine, Nord-Pas-de-Calais, Païs Midi-Pyrénées, Savoie.

L'appellation d'origine contrôlée (AOC)

Chaque AOC est définie par décret ministériel. Employée à l'origine uniquement pour les vins, l'AOC concerne aujourd'hui des fromages et diverses denrées alimentaires.
Dans l'esprit de ses créateurs, en 1919, elle attestait les liens d'un produit typé avec un terroir, élaboré selon des « usages locaux, loyaux et constants ». Cette exigence originelle a quelque peu disparu, et l'AOC n'offre plus une garantie absolue de qualité ; le sérieux des fabricants doit être vérifié.

Certificat de qualité (Atout certifié qualité)

Chaque producteur peut se faire certifier sur la base d'un cahier des charges dont il a lui-même défini les caractéristiques. Les contrôles se multiplient mais si ce que certifie cette appellation n'est pas faux... c'est parfois de peu d'intérêt.

Les produits biologiques

Tout agriculteur peut prétendre devenir producteur biologique. Pour pouvoir le mentionner sur ses produits, il devra obtenir de la Direction départementale de l'agriculture et des forêts (D.D.A.F.) une notification d'activité. Il devra par la suite être certifié par un organisme agréé.
L'élevage et la culture biologique doivent prendre en compte le bien-être des animaux et la préservation de l'environnement.

L'indication géographique protégée (IGP)

Pour mettre un peu d'ordre dans les productions et appellations, les producteurs s'organisent dans les régions pour garantir l'origine de leurs produits. L'IGP correspond au respect d'un cahier des charges dans une zone définie.

LA CUISINE EN FÊTE

UN EXEMPLE DE LABEL ROUGE

Les caractéristiques du bœuf de Chalosse

▶ **Origine génétique :**
Limousine : 65 %.
Blonde d'Aquitaine : 35 %

▶ **Type :**
Bœuf mâle castré : 80%.
Jeunes vaches : 11 %.
Génisses : 9 %

▶ **Lieu de production :**
Sud des Landes

▶ **Alimentation :**
Élevage : fourrage de l'exploitation.
Finition : maïs grain

▶ **Age moyen d'abattage :**
4 ans

▶ **Poids moyen :**
Femelles : 470 kg.
Mâles : 508 kg

▶ **Conformation carcasse :** E-.U

▶ **Identification :**
Un certificat d'identification accompagne l'animal jusqu'à l'étal de la boucherie. Un panonceau Boucherie Conventionnée et un porte-certificat identifient le boucher détaillant

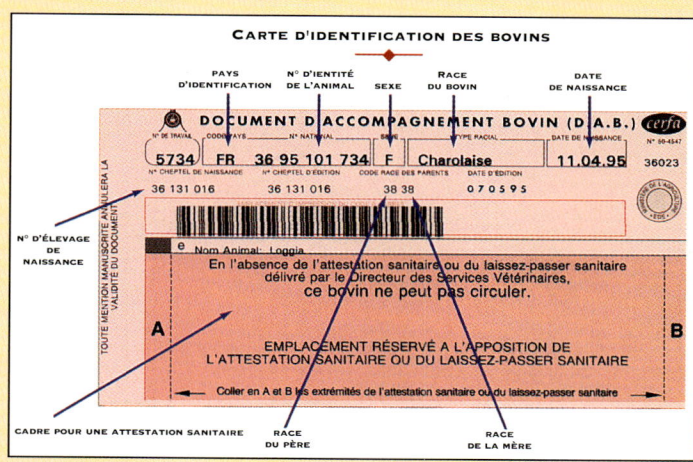

▶ **Contrôle :** Inopiné, par un organisme certificateur neutre, le LASO, 52, avenue Nonères, 40000 Mont-de-Marsan

▶ **Maturation :** 7 jours minimum

▶ **Découpe**
75 % de rendement en viande. Bonne conformation (12 à 13 % d'os). Viande persillée sans excès de suif (10 à 15 % de gras). 60 % de viande à cuisson rapide avec près de 90 % pour l'arrière. Couleur rouge foncée. Bonne tenue.

Les appellations en tous genres

C'est nouveau, le marketing est réussi, ça plaît, mais c'est du vent... Des logos apparaissent : Montagne, Mer... qui ne correspondent à aucune obligation dans la chaîne de production.

Les volailles « fermières »

Ces volailles doivent être élevées en liberté, en bâtiments (douze au mètre carré au maximum), ou à l'extérieur (une pour 2 mètres carrés). L'abattage ne doit pas s'opérer avant 81 jours.

Les médailles et récompenses

Les médailles obtenues par un produit peuvent être utilisées pendant trois ans au maximum dans sa publicité. Les concours régionaux, foires et comices agricoles abondent, décernant les médailles à foison : elles ne sont donc pas des plus sélectives.

Les médailles en chocolat

Laurier d'or, produit de l'année et autres distinctions de ce genre n'ont aucune valeur qualitative.

Les normes ISO 9001, 9002...

C'est la transcription des méthodes de contrôle utilisées dans la construction aéronautique appliquées à l'alimentaire.
Le fabricant s'impose des normes pour garantir la régularité de ses produits, sous contrôle d'un organisme certificateur.

INDEX

Alcools, vieillissement 148, 153
Appellation d'Origine Contrôlée
(AOC) . 72,123,139,154,155,156
Arabica 133
Araignée de mer 60
Armagnac. 151-155
   AOC 155
   dégustation. 155
   distillation 153
   verre. 155
Bas Armagnac 155
Bécasse. 96-97
   recette 97
Bellota, jambon de. 28
Belons 45
Béluga 39
Bigorneaux 60
Blinis. 38
Bœuf. 106-115
   catégories 112
   conservation. 115
   cuisson 115
   de Chalosse 111
   de Coutancie 110
   de Kobe 110
   races. 109
   recettes 19, 114, 115
   vache folle 108
   viande persillée 115
Bois à terroir (Cognac) 154
Bon Bois (Cognac) 150
Borderies (Cognac) . . . 150, 154
Bouzigues. 45
Bulots 60
Café 124-133
   achat 133
   arabica 133
   conservation. 132
   cueillette 129

culture 128
robusta 133
torréfaction 130
Canard 89-91
   chasse 90-91
   cuisses 18
   foie gras de 15-17
   gastronomie 17
   gésiers 18
   magret 17
   migration 104
   mulard 15
   recettes 19, 103
Caspienne, mer 31
Caviar 30-39
   béluga 39
   blanc 36
   conservation. 38
   esturgeon 32
   frais 36
   osciètre. 39
   présentation. 38
   pressé 36
   sévruga. 39
   vitamines 38
Cèpes, recette 86
Champagne 134-143
   achat 142
   appellation 138
   conservation. 143
   verre. 143
Chapon 71-73
   de Bresse 72
   des Landes 73
Claires 45
Cognac 144-150
   AOC 154
   appellation 150
   dégustation 154

distillation. 147-148
verre. 155
Contades, maréchal de 10
Coquillages 60
   bigorneaux 60
   bulots 60
Crabes 60-61
Crevettes 61
Dom Pérignon 136
Esturgeon. 32
Faisan 92-93
   préparation. 105
Faisandage 103
Fins Bois (Cognac) . . . 150, 154
Foie Gras 8-21
   achat 20
   d'Alsace 10
   de canard 15-19
   conservation. 21
   gavage 13, 16
   d'oie 11-14
   recette 19
   du Sud-Ouest 10
   truffé 10
Fruits de Mer 59, 60
   vitamines 59
Galathée 61
Gavage 13, 16
Gelée royale 122
Gésiers de Canard 18
Gibier à plumes 88-105
   bécasse 96-97
   canard 89-91, 103
   faisan 92-93
   grive 98
   migration 104
   ortolan 94-95
   palombe 100-102
   perdrix 99

recettes 97, 102-103, 105	de Recebo 28	Robusta 133
Grande Champagne... 150, 154	Serranos............ 27	Saumon 62-69
Gravettes................ 45	Label rouge 73, 112, 156	achat 68
Grive............. 98, 105	Langouste........... 56-61	de l'Atlantique......... 69
Haut Armagnac......... 155	cuisson 61	conservation........... 68
Homard 51-55	variétés............ 58	français............. 69
achat 61	Langoustines 61	migration 63
conservation........... 61	Magret de canard........ 17	du Pacifique 69
cuisson 61	Malossol, caviar......... 38	Sels minéraux 59
recettes......... 53, 54, 55	Marennes........ 42, 45	Serranos............ 27
variétés............ 53	Miel 116-123	Sévruga 39
Huîtres 40-49	achat 123	Taillevent, Guillaume Tirel de 12
achat 45, 48	en cuisine.......... 121	Ténarèze 155
belons 45	gelée royale 122	Torréfaction........... 130
bouzigues 45	monofloraux......... 122	Tourteaux 60
catégories.......... 49	pollen 122	Truffe 80-87
claires............ 45	propolis 122	achat 87
conservation.......... 48	toutes fleurs 122	conservation........... 87
creuses 49	Mulard............ 15	en conserve 85, 87
crus ostréicoles......... 45	Oie 11-14, 74-75	d'été 82
gravettes............ 45	foie gras d'......... 11-14	d'hiver ou d'automne 82
marennes......... 42, 45	gastronomie 14	d'Italie 82
mois en « R »......... 42	de Guinée 74	du Périgord........... 82
ostréiculture industrielle... 42	du Rhin 74	recettes............ 86
ouverture 48	à rôtir 74	de la Saint-Jean 82
plates 49	sauvage 74	Vache folle 108
recette 47	Ortolan 94-95	Veau, recette 86
Ibaïona, jambon.......... 26	Osciètre............ 39	Verre 143, 155
Indication Géographique	Palombe 100-102	à armagnac......... 155
Protégée (IGP).... 26, 123, 156	Perdrix............ 99	à champagne 143
Jabugo 28	Petite Champagne 150, 154	à cognac........... 155
Jambon............ 22-29	Pienso, jambon de 28	Viande persillée......... 115
de Bayonne 23	Pintade............ 76-77	Vitamines 38, 59
de Bellota........... 28	Pintadeau 77	Volaille............ 70-79
Ibaïona 26	Pollen 122	chapon 71-73
ibérique 27	Procope (Le) 127	oie............. 74-75
Jabugo 28	Propolis 122	pintade 76-77
de Pienso 28	Real iberico 27	poids moyen........... 77
Real iberico 27	Recebo, jambon de 28	recette 78, 79

CRÉDITS PHOTOGRAPHIQUES

Centre d'information et de promotion des produits de la mer de Norvège : 64 a, 65 a, 67 b.

DR : 11 a, 12, 17, 18, 19 a, 21, 26, 47, 53 a, 54, 55, 78 a, 86, 98 b, 102, 103, 111, 114, 115.

Explorer : Arnoux/Petotot : 28, 29. Bao Cao : 123. Bohin : 78 b. Boisvieux : 100 b. Borredon : 60, 75 a. Bras : 23, 117. Brenckle : 71, 72 b. Carbonare : 65 b. Clément : 41, 46 a, 109 hd. Cordier : 64 b, 92 a. Danrigal : 48. Delance : 138 a, 140 b. Duruel : 124. Ferrero : 101 b, 151 a, 153 a et b. Forget : 74 a. Fotomag/Iconos : 22, 50. Giraudou : 57. J.-L. Charmet : 11 b, 126. Jalain : 24, 25 b, 45 b, 146, 149, 155 a. Jean Paul : 92 b, 121 b. Jean-Paul. Kubacsi : 140 a et c. Kumurdjian : 9. Laffitte : 10, 15 b, 16 b, 79, 100 a, 101 a, 102 b, 108 b, 113, 144, 151 b, 152 b, 153 c. Le Cossec : 53 b. Le Toquin : 49 a et b, 73 a, 136 b. Lénars : 107. Lorne : 43. Overseas/A & M : 58 b, 68, 106, première de couverture (table dressée). Plassart : 31, 32, 33, 34 a, 35, 36, 37. Rebouleau : 93. Repérant : 83 a, 135, 136 a, 137, 138 b, 139, 141 a et b. Robert Harding Picture Library : 112. Rouchon : 148 a. Roy : 15 a, 16 a, 25 a, 34 b, 40, 42, 44 a, 45 a, c et d, 46 b, 47, 49 c, 82, 83 b, 84 b, 108 a, 109 cd, 147. Saint-Marc : 152 a. Tetrel : 14, 150. Veysset : 109 hg, 110. Villegier : 8, 59, 62, 155 b. Wolf : 84 a.

Jacana : Berthoule : 69 a, 109 b. Cauchois : 73 b. Champroux : 109 cg. Chantelat : 95, 99 b. Chevallier : 99 a. Cordier : 63, 64 b, 69 d. Danegger : 89, 91, 98 c, quatrième de couverture (canard en vol). Davenne : 90. De Wilde : 51, 52 a, 53 c. Ducrot : 97. Gladu : 52 b et c. Konig : 44 b. Lippmann : 69 c. Martinez : 53 d. Petit : 74 b. Pilloud : 75 b. Rebouleau : 77. Robert : 94 a et b. Saussez : 119. Souvy : 58 c. Thouvenin : 27 b. Varin : 96. Varin/Visage : 76. Volot : 98 a .Volto : 56. Walker : 67 a, 69 b. Winner : 118 b, 122.

Visa : Buscail : 30. Diot : 72 a. Lorgnier : 66 a, 80, 81, 85 a et b, 145, 148 b. Muriot : 70, 116, 118 a, 120, 121 a, 133 a. Rives : 58 a, 128 a. Subiros : 87. Tibo : 125, 129, 130 a et b, 131 a. Valentin : 88, 127 a, 131 b, 134, première de couverture (truffes). Vasseur : 133 b.

Real Ibérico : 27 a.

Roger-Viollet : 127 b.

Achevé d'imprimer en septembre 1997,
sur les presses de Artes Gráficas Toledo S. A.
imprimé en Espagne
Dépôt légal : octobre 1997
D.L.TO: 1485-1997